아이들의 성 정체성 고민,
어떻게 대응할까

LGBTQ wo sitte imasuka? "Minna to chigau" ha "Hen" ja nai
by Yasuharu Hidaka, Shinji Hoshino

히다카 야스하루 외 지음
강물결 옮김
한채윤 감수

성 다양성 교육을 위한
기초 안내서

아이들의
성 정체성 고민,
어떻게 대응할까

다봄교육

'지금까지 인생에서 만난 적이 없다'

성소수자가 아닌 사람 대부분이 하는 말이다.

초중고 학령기·사춘기의 성소수자 당사자도 '자신 이외의 성소수자를 만난 적이 없다', '자신 이외에 이런 걸 생각하는 사람은 없는 줄 알았다' 등의 반응이 많았다.

하지만 성소수자는 13~20명 중 한 명에 해당한다고 하니까, '만난 적이 없는' 게 아니라 '만난 적은 있지만 알아채지 못했다'일 가능성이 높다.

이 책을 읽고 LGBT 등 성소수자라고 불리는 사람이 가까이에 있다는 것과 다수가 아니라는 게 별로 이상한 일이 아니라는 것을 깨달을 수 있다면 좋겠다.

또한 이 책 5장은 학교 선생님을 대상으로 한 내용으로 구성되어 있다.

학교 선생님들도 성소수자에 대해 '지금까지 교사 생활에서 담당한 적이 없어서 실감이 나지 않는다'라고 말한다. 하지만 그런 대부분의 경우도 '만난 적이 없는' 게 아니라 '성소수자 아동·청소년들이 그런 말을 할 기회가 없었다'고 할 수 있겠다.

사춘기 아이들에게 자신의 섹슈얼리티에 관해 고민하는 것은 아주 불안한 일이다. 이럴 때 아이들은 '어떤 선생님이라면 편견이나 오해 없이 내 편이 돼 줄까?'라고 생각할 것이다.

중요한 것은 '어느 아이가 당사자일까'를 찾는 것이 아니다. 다른 사람의 섹슈얼리티에 편견이나 오해가 없는 환경을 만드는 것이 성소수자 아이들을 지원하는 길이다. 또한 성소수자 아이들이 지내기 좋은 환경은 모든 아이에게 '누구도 소외 당하지 않고' 자기긍정감을 키울 수 있는 환경이 될 것이다.

이 책이 그런 환경을 만드는 데 일조할 수 있다면 더할 나위 없을 것이다.

차례

4 성소수자가 직면한 문제

5 학교 현장의 선생님에게 제안

용어 설명

게이(Gay)
남성 동성애자. 남성에게 감정적·성적 혹은 호의적으로 끌리는 남성.

레즈비언(Lesbian)
여성 동성애자. 여성에게 감정적·성적 혹은 호의적으로 끌리는 여성.

성발달장애(Disorders of Sex Development, DSD)
출생 시에 신체의 발달이 전형적인 남녀와는 다르거나 2차 성징이 충분히 일어나지 않는 등, 신체적 성의 다양한 발달을 말한다. 의학용어로는 성발달장애라고 하는데 하나의 질환이 아니라 실제로는 외성기나 내성기, 염색체 등 여러 증후군, 질환군의 총칭이다. 이는 신체적 성별에 관한 것으로 성별정체성·성적지향을 말하는 것은 아니다.

성별위화감(Gender Dysphoria)
태어날 때 지정된 성별이 자신의 성별과 일치하지 않기에 느끼는 고통.

성별정체성(Gender Identity)
개인이 자신을 남성, 여성, 혹은 그밖의 성별 등 어떠한 성별로 느끼고 살아가는지를 가리키는 용어. 성별정체성은 태어날 때 성별과 같을 수도 있고 다를 수도 있다.

성별정체성장애/성별주체성장애(Gender Identity Disorder)
『정신장애의 진단 및 통계 편람 제4판 개정판』(DSM IV-TR)에 근거한 정식 진단명으로 반대 성별에 강력하고 지속적으로 동질감을 느끼고, 자신의 생물학적 성이 불편하거나 해당 성에 부여된 성역할이 부적절하다는 느낌이 지속됨으로써 사회적, 직업적 및 다른 중요 기능에 손상을 초래할 정도로 의미있는 고통을 유발하는 상태. 일본에서는 '성동일성장애'라고 표기한다.

성별표현(Gender Expression)
의상, 말투, 태도 등 다양한 방식으로 본인의 성별을 드러내는 것.

성역할(Gender Role)
사회적 규범에 기초하여 남성과 여성에게 허용하거나 기대하는 사회적 역할, 위치, 행동 혹은 책임들.

성적지향(Sexual Orientation)
이성, 동성, 양성 혹은 다양한 성에게 감정적·호의적·성적으로 깊이 끌릴 수 있고 친밀하고 성적인 관계를 맺을 수 있는 개개인의 가능성.

성전환수술/성별확정수술(Sex Ressignment Surgery)
1차 및 2차 성징을 변화시킴으로써 당사자의 성별정체성과 신체를 부합시키고자 하는 수술.

아우팅(Outing)
타인이 동의없이 성소수자의 정체성을 밝히는 일. 성소수자 당사자가 정체성을 밝히고 싶지 않은 상대에게 원치 않는 방식으로 아우팅되었을 때 심각한 혐오폭력 피해가 발생할 수 있다.

양성애자(Bisexual)

여성과 남성, 혹은 두 개 이상의 성별에 감정적·성적 혹은 호의적으로 끌리는 사람을 지칭한다.

이성애자(Heterosexual)

자신과 다른 성별에 감정적·성적 혹은 호의적으로 끌리는 사람을 지칭한다. 성소수자의 상대 개념으로 많이 오해되지만, 이성애자 트랜스젠더와 같이 성소수자이면서 이성애자일 수 있다.

전환치료(Conversion Therapy)

개인의 성적지향·성별정체성·성별표현을 바꾸는 걸 목표로 둔 치료적 접근 또는 관점. 성소수자에 대한 병리적 시각을 기반으로 이를 치료가 필요한 상태로 보고 개입하는 인권침해 행위이다.

젠더퀴어(Genderqueer)

본인의 젠더가 사회의 이분법적 성별 개념에서 벗어나 있거나 이를 넘어선 사람.

커밍아웃(Coming Out)

성소수자가 자발적으로 자신의 정체성을 다른 사람이나 그룹에게 밝히는 일.

퀴어(Queer)

사회적 규범 바깥에 있는 성별정체성이나 성적지향을 설명하기 위해 사용하는 포괄적 용어. 성소수자와 유사한 말이다.

트랜스젠더(Transgender)

태어났을 때 지정된 성별이 본인의 성별정체성과 일치하지 않는 사람을 일컫는 포괄적 용어.

트랜스포비아(Transphobia)

트랜스젠더를 혐오하거나 거부하는 극단적인 태도. 보통 성별이분법에 대한 믿음과 결부되어 있다.

호모포비아(Homophobia)

동성애에 대해 혐오하거나 거부하는 극단적인 태도. 보통 이성애주의에 대한 믿음과 결부되어 있다.

FtM(Female to Male)

신체의 성은 여성이지만 성별정체성은 남성을 지칭하는 수식어.

LGBTQ

Lesbian, Gay, Bisexual, Transgender, Questioning의 앞 글자를 딴 약칭.

MtF(Male to Female)

신체의 성은 남성이지만 성별정체성은 여성을 지칭하는 수식어.

＊「트랜스섹슈얼·트랜스젠더·성별비순응자를 위한 건강관리실무표 제7판」-세계트랜스젠더보
　건의료 전문가협회(WPATH)에서 일부 발췌.

일러두기

- 본서에 사용된 성소수자 관련 용어는 「트랜스섹슈얼·트랜스젠더·성별비순응자를 위한 건강관리실무표 제7판」-세계트랜스젠더보건의료 전문가협회(WPATH)'을 기준으로 했다.
- 영어 발음으로 표기된 용어는 한국어 규범 표기 미확정 용어이다.
- 2023년 6월 28일 '만 나이' 시행에 따라 본서에도 적용했다.
- 링크된 웹사이트는 데이터 삭제 및 업데이트 등으로 원활하지 않을 수 있다.
- 본문에 실린 통계 자료들은 일본 통계로 한국 통계 자료들과 다를 수 있다.

1

'나'는
누구일까?

'나'는 이제부터
찾아야 할 존재

● 신체가 변화하는 '사춘기'

여러분은 자신의 신체 변화에 대해 생각해 본 적이 있나요?

　초등학교·중학교·고등학교를 거쳐 성장해 가면서 키가 크거나 체중이 늘거나 여자와 남자로 신체의 명확한 변화를 겪는 등 여러 가지 변화가 생긴다.

　그 변화가 크게 나타나는 시기는 사람마다 다르지만, 일반적으로 여자의 경우는 초등학교 3, 4학년 무렵부터 가슴이 커지기 시작하고 겨드랑이나 음부에 털이 자라고 초경을 한다. 남자의 경우는 초등학교 고학년 즈음부터 음경이 커지고, 음모나 수염이 자라며 변성기를 겪고 사정을 경험한다.

　이렇게 아이의 신체에서 어른의 신체로 성장하는 시기를 사춘기라고 부른다.

● 성별의 다름을 의식하다

초등학교 저학년까지는 신체에 나타나는 여자와 남자의 차이가 별로 없지만, 사춘기가 되면 체격이나 체력에 있어서 여자와 남자가 다르게 나타나기 시작한다. 그렇기 때문에 학교에서는 체격이나 체력에 맞는 수업을 받을 수 있도록 여자와 남자로 구분하기도 한다.

예를 들어, 초등학교에서는 체육 수업을 여자와 남자가 함께 받지만 중학교에 올라가면 대부분 여학교와 남학교로 나뉘어 수업을 받는다.

또한, 학교 이외의 놀이 장면에서도 여자와 남자의 차이가 나타난다. 초등학교 중반까지는 여자와 남자가 성별에 관계없이 함께 놀지만, 학년이 올라가면서 보통 남자는 실외에서 여자는 실내에서 놀거나, 남자는 게임을 여자는 쇼핑을 하는 등으로 달라지는 경우가 많다. 이는 여자·남자로 취미나 목표가 달라지기 때문이다.

● 연애를 통해 성을 의식하다

학교에서 쉬는 시간에 여자끼리 "○○은 멋있어."라든지, 남자끼리 "○○은 예뻐."라고 신나게 이야기를 하는 경우가 있다.

또한, 어떤 특정한 사람을 좋아하게 되거나 그 사람과 함께 있으면 긴장해서 눈을 못 마주치거나 스쳐 지나가는 것만으로 두근거리는 등의 경험을 하게 된다.

이렇게 좋아하는 감정으로 자신이 좋아하는 성별을 의식한다.

● 신체의 급격한 변화에 당황하다

하지만 그중에는 사춘기에 일어나는 신체의 급격한 변화나 주위 친구들의 대화에 따라가지 못하고 당황하거나, 친구들과 자신을 비교하면서 다른 점을 발견하고 불안해하는 사람도 있다. 여자와 남자로 나누는 것에 위화감을 느끼거나, 동성 친구를 좋아하게 된 자신을 이상하게 여길까봐 주위의 사람에게 상담도 못하고 점점 더 불안감을 느낄 수도 있다.

하지만 성별에 대한 생각이나 사람을 좋아하게 되는 감정은 사람에 따라 다르기 때문에 무리해서 다른 사람에게 맞출 필요는 없으며, 서둘러 결론을 내릴 필요도 없다.

그렇게 '당황스러울 때' 이 책이 조금이라도 참고가 되면 좋겠다.

인간의 성이란?

다들 자신을 누군가에게 소개할 때 어떻게 표현하나요? 보통 '홍길동, 12살, 남자'처럼, 이름·연령·성별로 표현하는 사람이 많지 않을까?

이럴 때 말하는 '성별'은 타고난 신체의 성을 나타낸다. 하지만 신체의 성만으로 '그 사람'을 표현할 수는 없다.

신체의 성뿐만이 아닌 그 사람이 가진 본연의 성을 '섹슈얼리티'라고 한다. 섹슈얼리티는 인간 개개인의 인격에서 없어서는 안 되는 요소를 모아 놓은 것입니다. 그 요소는 '신체의 성' 외에도 자신이 어떤 모습으로 있고 싶은지를 나타내는 '성별정체성', 좋아하는 사람의 성별을 나타내는 '성적지향', 그리고 그 사람 자신을 사회적으로 드러내는 '성별표현' 등 네 가지가 있다.

성을 '남'과 '여' 둘로 나눠서 생각하기 쉽지만, 현실에서는 명확하게 '남'과 '여' 둘로만 나눌 수는 없다. '남'과 '여' 사이에는 명확한 경계선이 없으며 그라데이션 상태이기 때문이다. 그럼 네 개의 성에 대해서 알아보자.

| 신체의 성 |

타고난 신체의 성을 말하는 것으로 외성기나 내성기, 염색체 등에서 여자와 남자가 차이를 보인다. 많은 경우 출생 시의 신체의 성을 근거로 호적에 성별을 기입한다. 하지만 개중에는 성발달장애DSD [•] (Disorders of Sex Development)라는 전형적인 남녀와는 다른 발달 과정을 보이는 사람도 있다.

| 성별정체성(Gender Identity) |

성별정체성은 자기자신의 성별을 어떻게 인식하고 있는가 하는 것으로 '여성이다' '남성이다', 또는 '양쪽 다 해당한다' '어느 쪽도 아니다' 와 같은 감각이다. 그리고 이 '성별정체성'은 반드시 '신체의 성'과 일치하지는 않는다. 또한 '남'과 '여' 로 이등분 되지도 않으며 명확한 경계선이 없는 그라데이션이다.

그렇기 때문에 사람에 따라서 가장 다르게 나타나는 부분으로, 겉보기로는 판단할 수 없는 부분도 있어서 언어로 표현하는 것이 어렵다.

[•] 출생 시에 신체의 발달이 전형적인 남녀와는 다르거나 2차 성징이 충분히 일어나지 않는 등, 신체적 성의 다양한 발달을 말한다. 의학용어로는 성발달장애라고 하는데 하나의 질환이 아니라 실제로는 외성기나 내성기, 염색체 등 여러 증후군, 질환군의 총칭이다. 이는 신체적 성별에 관한 것으로 성별정체성·성적지향을 말하는 것은 아니다.

| 성적지향(Sexual Orientation) |

자신이 '여성에게 끌리는가' '남성에게 끌리는가'와 같은 성적인 끌림이 향한 방향이라는 의미이다.

끌림을 느끼는 사람의 성에 대해서도 '남'과 '여'로 나눌 수는 없고, 여자와 남자 양쪽에게 끌림을 느끼는 사람도 있으므로 명확한 경계선이 없다.

| 성별표현(Gender Expression) |

여러분들은 어머니나 아버지께 '남자니까 징징거리지 마' '여자가 돼가지고, 좀 얌전하게 굴어' 같은 말을 들은 적이 있나요? 이것은 사회적으로 기대되는 복장이나 행동으로 '성역할Gender Role'이라고 한다. 성별표현은 본인이 원하는 복장이나 행동을 말하며, 이것은 반드시 사회에서 요구하는 역할과 일치하는 것은 아니다.

● 자신을 제대로 보기

개개인의 섹슈얼리티는 '신체의 성', '성별정체성', '성적지향', '성별표현'의 네 가지 요소로 이루어져 있으며, 각각의 성은 '여'와 '남'으로 명확하게 나누어지지 않는다는 것을 아셨나요?

사춘기 시기에는 다른 사람과 다름에 불안을 느끼고 고민하기도 하지만, '모두와 다르다'는 것은 '이상'한 것도 아니고, 모두 섹슈얼리티가 같을 수는 없다. 앞으로 충분히 시간을 가지고 자기 자신의 섹슈얼리티를 발견해 보자.

퀘스쳐닝(Questioning)이라는 것

● **헤매거나 흔들리면서 '자기 자신'을 발견해 가는 10대**

10대는 몸도 마음도 어른이 되기 위해 크게 변화해가는 시기이다. 안
그래도 지금까지의 자기 자신과 달라지는 것에 많은 혼란을 느끼는 시
기인데, 성소수자에게 있어서는 자신과 주변의 친구들과의 다름을 강
하게 의식하게 되거나 자기 자신에 대한 위화감이 강해지는 일이 많다.

신체가 어른으로 바뀌어 가는 때에 주위와 같은 2차 성징이 보이지
않거나 성별에 대한 위화감이 강해지거나, 좋아하는 상대가 생겼는데
그 상대가 이성이 아닌 것을 깨닫고 혼란을 느낄지도 모른다.

섹슈얼리티를 10대 때 확실히 자각하는 사람도 있지만 헤매거나 흔
들리는 사람도 많다. 그 시기에 섹슈얼리티에 대한 마음이나 감각이
흔들리는 것은 이상한 일이 아니다. 바로 결론을 내리지 말고 시간을
두고 천천히 생각해 보자.

섹슈얼리티는 변화하거나 흔들리는 경우도 있지만, 그 사람 자신이나 주변에서 무리하게 다른 방향으로 바꾸려고 한다고 해서 바꿀 수 있는 것이 아니다. 자기 자신의 본 모습을 천천히 찾아가면 된다.

● 퀘스쳐닝 상태

섹슈얼리티를 나타내는 표현 중에 '퀘스쳐닝'이라는 말이 있다. 퀘스쳐닝은 자신의 섹슈얼리티를 모르거나 헤매거나 분류하기 어렵거나 정하고 싶지 않은 사람이나, 또는 그런 상태를 말한다.

자신의 섹슈얼리티를 알아채기 시작했을 때 '자신이 주변과 왠지 다른 것 같다. 하지만 그것이 어떤 건지 아직 잘 모르겠다'는 기분이 드는 것은 10대 때는 적지 않은 일이다.

'동성을 좋아하는 것일 수도 있지만 우정의 연장선일지도 몰라', '내 성별에 어쩐지 위화감이 들지만 확실하게 다른 성별이 되고 싶은 것과는 좀 달라'처럼 자기 자신이 어떤 상태인지 잘 모를 때, 마음이 복잡하거나 걱정스러운 마음이 들지도 모른다.

곤란한 일이 있거나 혼자서는 괴롭거나 해결을 못할 것 같다는 생각이 들면 상담할 수 있는 사람을 찾아보는 것도 좋은 방법이다. 근처에 신뢰할 수 있는 어른에게 이야기해 보거나 전화상담 등의 도움이 될 수 있는 곳을 이용하는 방법도 있다.

섹슈얼리티는 그 사람의 전부는 아니지만 그 사람을 구성하는 중요한 요소의 합이라고 할 수 있다. 자신의 섹슈얼리티가 무엇인지, 자기 자신은 어떤 존재인지, 시간을 두고 천천히 찾아보자.

아이들의 성 정체성 고민, 어떻게 대응할까

2

다양한
섹슈얼리티

LGBTQ가 뭐예요?

'여성이라면 남성을, 남성이라면 여성을'처럼 연애의 대상으로 좋아하게 되는 상대는 이성인 것이 당연하다고 많은 사람들이 생각한다. 그렇게 이성을 좋아하는 사람을 이성애자라고 한다. 하지만 실제로는 동성을 좋아하는 사람도 있고, 이성과 동성 양쪽 다 좋아하는 사람이나 어느 쪽도 좋아하지 않는 사람도 존재한다. 또한 자기자신이 가지고 태어난 '신체의 성'과 자기자신이 인식하는 '성별정체성'이 일치하지 않는 것 같은 감각이나 위화감을 느끼면서 하루하루를 살아가는 사람들도 존재한다.

그런 성소수자의 대표적인 호칭으로, LGBT 또는 LGBTQ라는 말을 텔레비전이나 신문 등에서 보거나 듣는 경우가 많아졌을 것이다.

이것은 Lesbian(레즈비언 : 여성 동성애자), Gay(게이 : 남성 동성애자), Bisexual(바이섹슈얼 : 양성애자), Transgender(트랜스젠더 : 신체의 성별과 성별정체성에 위화감이나 불일치를 느끼는 사람), Questioning(퀘스처닝 : 성적지향이나 성별정체성이 확실하지 않아 정할 수 없는 사람 또는 고민하고 있는 상황에 있는 사람)의 앞 글자를 딴 약칭이다.

　이 장에서는 LGBT인 사람들을 알아 가는 데 그 전제가 되는 성적지향과 성별정체성과 같은 개념에 대해서 자세히 설명하면서, 여러 섹슈얼리티에 관해서 소개할 예정이다.

성적지향

연령이나 학년이 높아짐에 따라서 주위의 친구들과의 관계도 친밀해
진다. 그 안에서 친구에게 느끼는 감정과는 다른 사랑하는 마음이나
연애감정을 동반한 '좋아하는' 감정을 경험하는 사람도 많을 것이다.
이성에게 호감을 가지는 경우나 동성에게 또는 양성에게 호감을 가지
는 경우 등, 좋아하는 감정은 여러 형태가 있고 그 모든 감정은 모두 자
연스러운 것이다. 사람을 좋아하고 자신의 감정을 표현해서 인간관계
를 구축해 가는 것은 아주 멋진 일이다.

'성적지향'은 연애나 성적인 관심의 대상이 어떤 성별을 향해 있는
가를 말한다.

성적지향은 자신의 의사나 치료로 수정 · 변경할 수 있는 것이 아니
므로, 어떤 특정한 방향 · 목적을 향한다는 의미를 가지는 '지향(指向)'
을 써서 '성적지향'이라고 쓴다.

● 이성애

남성이라면 여성에게, 여성이라면 남성에게 연애감정이나 성적 관심을 가지는 것을 말한다. 그리고 그런 성적지향을 가진 사람을 이성애자, 헤테로섹슈얼(Heterosexual)이라고 한다.

교과서에는 '사춘기가 되면 이성에게 관심을 가진다'고 쓰여 있는 경우가 많다. 세상의 90퍼센트 이상은 이성애자라고 추정하고 있으며, 이는 누구나 이성애라는 것을 전제로 구축되어 있다고 할 수 있다.

이성애자라면 그것이 당연한 일이므로 이성에게 연애감정을 가지는 것에 의문을 품지 않을지도 모른다. 하지만 실제로는 양성이나 동성이 연애감정의 대상이 되는 사람도 존재하기 때문에, 이성애 이외의 사람에게 있어서는 위화감이나 괴로움을 느끼게 하는 사회적 측면이 있는 것도 사실이다. 그 현상을 교과서와 학교 수업이 따라가지 못한다고 할 수 있다.

● 양성애

여성과 남성, 양쪽의 성별을 연애나 성적 대상으로 인식하는 것을 말한다. 그리고 그런 성적지향을 가진 사람을 양성애자, 바이섹슈얼이라고 한다. 바이섹슈얼 중에는 자신은 연애나 성적 대상이 되는 사람의 성별에 그다지 신경쓰지 않는다고 표현하는 사람도 있다.

줄여서 바이라고 부르는 경우도 있지만 단축한 호칭에는 차별적인 의미가 부여되는 경우도 있기 때문에 바이섹슈얼이라는 호칭이 일반적이다.

　　　　　　　　　　　아이들의 성 정체성 고민, 어떻게 대응할까

● 남성 동성애

남성이 남성을 연애나 성적 대상으로 인식하는 것을 말한다. 그리고 이런 성적지향을 가진 사람을 남성 동성애자, 게이멘(Gay Men), 게이 남성이라고 한다.

텔레비전에 등장하는 게이 중 일부는 여장을 하거나 여성적인 언어를 사용하는 사람이 있지만 그렇지 않은 사람도 많다는 것에 대한 이해가 필요하다. 미디어에서는 단순화·고정화된 스테레오 타입의 이미지나 정보가 더 많이 전해지는 경향이 있으므로 주의가 필요하다.

● 여성 동성애

여성이 여성을 연애나 성적 대상으로 인식하는 것을 말한다. 그리고 그런 성적지향을 가진 사람을 여성 동성애자, 레즈비언이라고 한다. 레즈비언은 남장을 하거나 남자 같은 언어 표현을 한다고 생각하는 사람이 있을지도 모르지만 실제로는 다른 성적지향을 가진 사람들과 마찬가지로 다양하다.

● 무성애

연애나 성적인 감정을 어떤 사람을 대상으로도 거의 느끼지 않는 성적지향으로 일정 수 존재하고, 무성애자 즉 에이섹슈얼(Asexual)이라고 한다.

이성애자가 동성에게, 게이·레즈비언이 이성에게 연애나 성적인 감정을 별로 느끼지 않는 것처럼 에이섹슈얼인 사람은 어떤 사람에 대해서도 그런 감정을 느끼지 않는다.

　이 세상에는 연애를 하고 성적인 감정을 가지는 것이 당연하다는 풍조가 있지만, 인간관계를 맺는 방법에는 그것뿐만 아니라 다양한 형태가 있다는 것을 알아야 한다.

　　　　　　　　　　　　　　　아이들의 성 정체성 고민, 어떻게 대응할까

Q&A

레즈비언에 대하여

Q. 저는 남자는 대하기 어렵고 여자가 좋아요. 이게 레즈비언이라는 걸까요?

사춘기 때는 이성과 이야기하는 것보다 동성과 이야기하는 편이 마음이 편하거나, 친구를 독점하고 싶다고 생각하기도 하지요. 그렇게 생각하던 사람이 '나는 연애감정으로 여성을 좋아하는구나'라고 점점 확신을 하게 되는 경우가 있는가 하면, '그때는 그렇게 생각했지만, 연애감정으로는 남성이 좋아'라고 생각하게 되는 경우도 있어요. 레즈비언일 수도 있고 그렇지 않을 수도 있어요. 급하게 결론을 내리려고 하지 말고 자신의 마음에 귀를 기울이면서 생활하다 보면 조금씩 답이 보이지 않을까요?(사회인 레즈비언)

Q. 레즈비언은 남성을 싫어하나요?

남성이 싫어서 여성을 좋아하는 것이 아니에요. 레즈비언은 연애감정이 여성을 향해 있을 뿐, 남성인 친구나 지인이 많은 사람도 있어요. 친구로 어떤 성별인 사람과 함께 있는 것이 지내기 편한지와 연애대상으로 어떤 성별인 사람이 끌리는지는 다른 문제예요.(사회인 레즈비언)

Memo '레즈'라는 호칭에는 차별적인 의미가 포함되어 있어서 이런 표현으로 인해 상처받는 사람도 있습니다. 되도록 그런 호칭은 쓰지 않도록 하고, 다만 어떻게 불리고 싶은지는 사람에 따라서 다를 수 있습니다.

게이에 대하여

Q. 여장을 하는 사람이 많나요?

대부분 게이는 각자 놓여 있는 상황 속에서 다른 사람들처럼 일상생활을 착실하게 보내고 있어요. 여성스러워 보이는 표현을 사용해서 자학적인 개그로 사람들을 웃기는 것은 게이들 사이에서 생겨난 하나의 커뮤니케이션 도구일지도 모르겠어요. 여장도 그중 하나이며 게이 문화 중 하나로 이벤트에서 퍼포먼스나 오락적인 의미로 즐기는 게이도 있지만, 대부분의 게이는 일상생활에서 여장을 하지 않아요.

다양한 방식으로 살아가는 사람이 미디어에 나와서 그 존재를 많은 사람들이 알게 되는 것은 매우 좋은 일이라고 생각하지만, 때때로 개그의 대상이 되거나 이야깃거리로 소비되는 것에는 마음이 아파요.

또한 여장을 하거나 여성적인 말투로 미디어에 나오는 연예인들 중에는 게이나 트랜스젠더, 이성애자 등 실제로는 다양한 섹슈얼리티의 사람이 포함돼 있으므로 혼동하지 않았으면 좋겠어요.(사회인 게이)

Memo 최근에는 트랜스젠더도, 여장을 하는 이성애자도 모두 일괄적으로 '호모'라고 부르는데, 많은 경우 비하하거나 웃음거리로 만드는 표현으로 차별 용어입니다. 이런 언어로 인해서 상처받는 사람이 있다는 걸 알아둡시다.
그리고 학교 문화제의 연극 등에서 여장을 해서 사람들을 웃기는 경우가 있는데, 그런 기획이 있을 때는 누군가를 깎아내려서 웃기는 게 아닌지 학급회의 시간에 의논해 보세요.

바이섹슈얼에 대하여

Q. 동성과 이성, 어느 쪽이 더 좋은가요? 다른 점이 있나요?

바이섹슈얼인 사람은 성적 지향이 동성과 이성의 양쪽으로 향해 있어요. 하지만 어느 쪽 성별을 더 좋아하는지는 사람에 따라서 달라요. 그리고 바이섹슈얼이라고 다 같은 방식으로 연애를 하는 건 아니에요.(사회인 바이섹슈얼)

Q. "딱 한 번 이성과 사귄 적이 있지만 지금은 남성(동성)이 좋아요."와 같은 경우도 바이섹슈얼인가요?

개인차가 있어서 일괄해서 말할 수는 없지만, 그 한 번의 시기는 자기 자신의 성적지향을 몰랐던 퀘스처닝 상태였을지도 모르겠네요. 아니면 앞으로 다시 이성을 좋아하게 될지도 모르고요.

자신은 누가 뭐래도 이성애자라고 단언할 수 있는 사람도 있을지 모르지만 어느 성을 좋아하게 되는지에 엄밀한 경계를 만들 필요는 없어요. 연령에 따라서 동경하는 상대나 좋아하게 되는 상대가 이성이었다가 동성이었다가 하는 유동적인 사람도 있어요. 그것은 이상한 일이 아니에요. 그때마다 자신의 마음과 상대를 향한 마음을 소중히 여겨야 해요.(사회인 바이섹슈얼)

Memo 바이섹슈얼에게 "남자도 여자도 좋아한다니 인생이 2배나 즐겁겠네!"라고 놀리듯이 말하는 사람이 있는데, 그런 말에 상처를 받는 사람도 있다는 것을 알아야 합니다.

동성애의 탈의료화·병리화

일찍이 의학계에서는 동성애를 이상성애, 성적 도착 또는 성적 일탈로 여겨, '동성애는 병이며, 치료를 통해 이성애로 고칠 필요가 있다'고 오랫동안 생각해 왔다. 하지만 미국의 당사자 단체가 격렬히 항의해서 1973년에 미국정신의학회는 '정신장애의 진단 및 통계편람 II (DSM-II)'에서 정신병리로서의 동성애를 삭제했다. 1990년에는 세계보건기구(WHO)도 '국제질병분류개정판 제10판 (ICD-10)'에서 '동성애는 어떠한 의미에 있어서도 치료의 대상이 되지 않는다'고 선언했다.

이를 통해 의학계에서는 이미 동성애를 비정상으로 받아들이는 일이 공식적으로는 사라졌으며 치료가 필요하다는 견해도 사라지고 있다.

하지만 동성애의 탈병리화에 대한 인식은 아직 충분하다고 할 수 없다. 예를 들어 히다카 야스하루(日高康晴)가 일본에서 5,979명의 교사를 대상으로 실시한 설문 조사(http://www.health-issue.jp/f/)를 보면, '동성애는 정신적인 병의 하나라고 생각합니까?' 라는 질문에 5.7%가 '그렇다'로 답했고, 25.1%가 '모르겠다'고 답했다. 이 둘을 합하면 교사의 30%가 바른 지식을 가지고 있지 않다는 걸 알 수 있다. 또한 '동성애를 할지, 이성애를 할지 본인의 선택에 따른 것이라고 생각합니까?' 라는 질문에서는, '그렇다'가 38.6%, '모르겠다'가 32.8%로, 약 70%의 교사가 오해하고 있는 상황인 것을 알 수 있다.

＊한국에서도 2014년 국가인권위원회가 한국사회에서의 성적지향 및 성별정체성에 따른 차별을 드러내기 위해 성소수자 청소년 200명과 교사 100명, 성소수자 성인 948명을 대상으로 「성적지향·성별정체성에 따른 차별실태조사」를 진행했다. 이중 학교 내 차별실태에서 동성애자의 이름을 적어 내도록 하는 '이반검열'이 행해졌다는 응답이 4.5%, 성소수자라는 이유로 벌점이나 정학 등 징계를 받았다는 응답이 5%, 교사로부터 괴롭힘 경험이 있었다는 응답이 20.0%에 이르렀다.

아이들의 성 정체성 고민, 어떻게 대응할까

성별정체성

성별정체성은 자신의 성별이 어느 쪽에 속해 있는지를 인식하거나 자
각하는 것으로, 영어로는 Gender Identity라고 한다. '나는 여자다', '나
는 남자다'라고 생각하는 사람도 있지만, '여자로 느껴질 때도 있지만
남자라고 느껴질 때도 있다' 라는 사람도 있다. 또한 '여자도 남자도 아
니다'라고 생각하는 사람이나, 성별정체성이 확실하지 않다고 느끼거
나 일정하지 않다고 생각하는 사람도 있다.

● **트랜스젠더**

대부분의 사람은 태어날 때의 신체의 성과 성별정체성이 일치하지만,
그것에 위화감을 느끼거나 일치하지 않다고 강하게 느끼는 사람도 있
다. 그런 신체의 성별과는 다른 성별로 살아가는 사람, 살고 싶다고 바
라는 사람을 트랜스젠더라고 한다. 태어났을 때 신체의 성은 남성, 성

별정체성이 여성인 경우를 MtF(Male to Female), 태어났을 때의 신체의 성은 여성, 성별정체성이 남성인 경우를 FtM(Female to Male)이라고 부르는 경우도 있다.

트랜스젠더 중에는 24시간 생활 전체를 다른 성별로 살고 싶다고 생각하는 사람도 있지만 그렇지 않은 사람도 있다. 학교 생활로 말하자면, 원하는 성별의 교복을 입는 것을 강하게 바라는 경우도 있지만 운동복이나 일상복으로 등교할 수 있으면 좋겠다고 하는 경우도 있다. 즉, 개별적으로 요구 사항이 다양하다는 것에 대한 이해가 필요하다. 거기에 더해 성별에 기초한 표현 방식도 사람에 따라 다르므로, 원하는 성별의 복장이나 그 표현방법, 사회적 역할을 일상생활에서 어느 정도로 바라는지도 신체의 성별과 성별정체성의 위화감 정도 등에 따라서 달라진다.

이런 사람들을 '성별정체성장애'라 일컫는데, 이는 의학적인 용어로 의사들이 쓰는 진단명이다. 성별에 위화감이 강한 사람의 경우 의사의 진단을 받아서 호르몬제의 투여나 성전환수술을 받는 사람도 있다.

단, 모든 트랜스젠더가 약을 복용하거나 수술을 받거나 그것을 희망하는 것은 아니다.

그리고 성적지향과 성별정체성은 별개의 것이므로, 트랜스젠더도 성별정체성을 기준으로 이성을 좋아하는 경우도 있지만 동성이나 양성을 좋아하는 경우도 있다.

아이들의 성 정체성 고민, 어떻게 대응할까

성별정체성장애의 치료에 관하여

성별정체성장애의 치료는 일반적으로 ① 정신요법 ② 호르몬요법 ③ 수술요법(외과적 치료) 등 3가지 단계를 순차적으로 진행한다.

① 정신요법

정신과에서 진찰을 받고, 일상생활의 모습(정신적·사회적·신체적 고통이나 생활을 하는 데 있어서의 곤란한 점 등)에 관해서 자세히 이야기한다.

② 호르몬요법

충분히 정신요법을 진행한 후에도 신체의 성과 성별정체성이 일치하지 않는 것에 대해 고민하고, 신체적 특징을 성별정체성에 맞추기를 희망하는 경우에 실시한다.

호르몬요법을 실시하기 위해서는 충분한 검사나 부작용에 관한 이해, 연령은 법적으로 성인이어야 할 것 등 몇 가지 조건이 있다.

세계트랜스젠더보건의료전문가협회(World Professional Association for Transgender Health, WPATH)가 발행하는 〈트랜스섹슈얼·트랜스젠더·성별비순응자를 위한 건강관리실무표준 제7판〉에서는 남성 또는 여성으로서 신체의 특징이 현저해지기 전에 2차 성징을 억누르는 호르몬요법에 대해 언급했다.

③ 수술요법 (외과적 치료)

외과 수술을 통해 신체를 성별정체성에 가깝게 만드는 수술요법이다. 수술요법을 실행하기 위해서는 충분한 정신요법 및 호르몬요법이 진행되어야 하고, 연령은 법적으로 성인이어야 하는 것 등 몇 가지 조건이 있다.

＊자세한 내용은 91쪽 [성별정체성장애 치료]를 참고.

트랜스젠더에 대하여

Q. 어떤 일을 계기로 성별정체성을 알게 되었나요?

그건 사람들마다 다르다고 생각해요. 어렸을 때부터 '좀더 자라면 내가 생각하는, 되고 싶다고 생각하는 성(性)이 될 거야'라고 생각했던 사람도 있고, 중학생이 됐을 때 성별정체성과 다른 교복을 입는 것이 너무 싫어서 성별위화감을 느끼기 시작한 사람도 있어요. 저의 경우는 중학생 때 좋아하는 여자아이가 생겼는데, 여자로서 여자를 좋아하는 것과는 다르다고 느끼기 시작한 것이 계기가 되었어요.(사회인 FtM)

Q. 트랜스젠더이면서 동성애자인 경우도 있나요?

있지요. 저의 경우는 FtM으로, 호적도 여성에서 남성으로 바꿨기 때문에 '남성으로서 여성을 좋아하는 이성애자'라고 생각하기 쉽지만, 실제로는 연애대상으로 남녀 어느 쪽이 좋은지는 아직 모르겠어요. 양쪽 다 사귄 적이 있기 때문에 바이섹슈얼일지도 모르겠네요. 성별정체성과 성적지향은 별개예요.(사회인 FtM)

Memo　태어났을 때 신체의 성이 남성, 성별정체성이 여성인 경우를 MtF, 태어났을 때 신체의 성이 여성, 성별정체성이 남성인 경우를 FtM으로 표현합니다. 하지만 '태어났을 때 신체의 성이 남성 또는 여성이라고 하더라도 성별정체성이 남성도 여성도 아닌 성별(x)이다'라고 표명하는 사람도 있는데, 이런 경우는 MtX, FtX 또는 X젠더라고 표현합니다.

흔들리는 섹슈얼리티

지금까지 '성적지향'과 '성별정체성'에 대한 이야기를 했는데, 사춘기 때는 아직 그에 대해서 확실히 정해지지 않은 사람도 적지 않다. 스스로도 자신의 감정을 몰라 불안을 느낄지도 모르지요. 하지만 사춘기는 그렇게 고민하면서 자신을 찾아가는 시기이기도 하다.

● 퀘스처닝

성적지향이나 성별정체성이 확실하지 않거나, 정해지지 않고 흔들리거나, 어느 쪽으로도 정하고 싶지 않거나, 성적지향이나 성별정체성이 대체 뭘 말하는 것인지 모르겠거나, 전형적인 여성이나 남성이 아니라고 느끼는 등 특정한 틀에 들어맞지 않는 사람이나 그 상황을 말한다.

예를 들어 중학교 때 자신이 동성에게 관심이 있다는 것을 알게 되었다고 해보자. 그 관심이 사이가 굉장히 좋은 친구에 대한 우정의 감정인지, 흔히 말하는 우정보다는 가까운 감정인지, 연애감정인지, 연애감정이라면 자신은 동성애자인지 어떤지, 대체 뭘까 하고 깊게 고민할지도 모른다. 그와 동시에 이성에 대해서도 연애감정과 같은 연심을 가지게 되었다고 하면 동성과 이성 양쪽에 관심이 있는 양성애가 아닐까 생각할지도 모른다. 동성애인지 양성애인지 아니면 그 양쪽 모두는 아닌지, 그렇게 자신의 마음이 확실하지 않은 상태로 왔다갔다하는 시기를 '퀘스쳐닝'이라고 할 수 있다.

아이들의 성 정체성 고민, 어떻게 대응할까

레인보우 플래그를 아시나요?

레인보우 플래그는 LGBTQ를 시작으로 하는 성소수자 활동의 심벌인 깃발로, 성소수자의 권리나 자부심을 나타내는 상징으로 알려져 있다. 한국을 포함한 전 세계에서 사용되며, 특히 유럽과 미국에서는 매년 6월을 성소수자의 달로 정해 프라이드 퍼레이드 등 행사를 성대하게 개최해서 퍼레이드 개최도시의 중심 거리는 레인보우 플래그로 뒤덮인다.

레인보우 플래그는 1970년대경부터 사용되기 시작했으며, 8색이었다가 7색이 되는 등 시대에 따라 변화해 현재는 빨, 주, 노, 초, 파, 보의 6색으로 구성된 것을 사용한다. 레인보우 플래그의 크기는 가지각색으로 지붕 위에서 바람에 휘날리는 특대 사이즈가 있는가 하면, 가슴에 달 수 있는 핀배지 정도의 작은 사이즈도 있다.

최근에는 LGBTQ 프렌들리(LGBTQ에 대한 이해심이 있으며, 받아들이려

하는 자세를 가진 것)를 표현하기 위한 방법으로, 거리의 카페나 레스토랑, 호텔, 쇼핑센터, 상점가 등 다양한 곳에 레인보우 플래그를 거는 경우가 있다. 그 형태는 천으로 된 깃발뿐만 아니라 스티커나 배지 등 여러 가지가 있다. LGBTQ 당사자가 자신들의 권리나 자부심을 나타내는 것만 아니라, 그들을 둘러싼 주위의 사람들이 응원을 표명하는 방법으로도 레인보우 플래그는 유용하다.

'내 주변에는 없어'라고 생각하고 있지 않나요?

혹시 당신이 이성애자라고 한다면 어째서 나는 '이성'을 좋아하는 걸까? 하고 성적지향에 관해 깊이 생각하지 않을지도 모른다. 이 책을 읽기 전까지는 세상의 모든 사람이 이성애자라고 생각했을 수도 있고, 레즈비언이나 게이, 바이섹슈얼이 존재한다고 하더라도 그건 텔레비전이나 만화 등 특별한 세계의 이야기로 자신의 일상생활에서 만날 일은 없다고 생각했을지도 모른다.

그리고 자기 자신이 생각하는 '여성다움'이나 '남성다움'과는 조금 다른 사람에 대해서 놀리거나 무시하는 의미로 '(여자인데) 남자 같아', '(남자인데) 여자 같아' 또는 '호모', '변태' 등과 같은 언어를 사용하는 일은 없나요? 그리고 그런 언어를 사용함으로써 누군가를 상처 입힐 가능성이 있다는 것을 생각해 본 적은 있나요?

성소수자는 13~20명 중에 한 명 존재한다고 알려져 있다. 어쩌면 당신의 주변에도 있을지 모르고, 또 어쩌면 당신 자신이 앞으로 자신의 섹슈얼리티를 마주하고 제대로 생각해 볼 시간이 올지도 모른다.

사람은 모두 똑같지 않고 조금씩 여러모로 다른 점을 가지고 있다. 사람은 다른 게 당연하고 그 다름이 개성으로 연결되어 세상을 풍족하게 만들어 준다. 누구든 안심하고 자기다운 삶을 살아갈 수 있는 사회를 만들기 위해서 무엇을 할 수 있을까 생각해 보세요.

3

LGBT
당사자의 체험담

당신의 주변에도
분명히 있다

지금까지 이 책을 읽은 사람이라면 '섹슈얼리티는 사람에 따라서 다양하다'라는 것을 알게 됐을 거라고 생각한다.

성소수자는 약 13~20명 중에 한 명 존재한다고 알려져 있으므로 당신은 분명 학교에서나 길에서 성소수자와 스쳐 지나갔거나 이야기를 나눈 적이 있을 것이다. '나는 만난 적이 없다'고 생각하는 사람도 있을지 모르겠지만, 그것은 상대가 숨기고 있거나 겉으로 봐서는 알 수 없기 때문에 쉽게 그 존재를 알아채기 어려워서 눈치를 못 챈 것뿐이다.

필자는 평소에 중학교나 고등학교 등에서 성소수자에 관한 이해를 넓히기 위한 강연회를 기획하기 때문에 당사자의 체험담을 듣기도 한다. 그런 현장에서 당시 고등학생이었던 게이 학생이 "여러분은 자신의 주변에는 '성소수자가 없다'고 생각할지 모르지만 '없는' 것이 아니라 '말할 수 없는' 것이다."라고 했던 말이 인상 깊다.

최근에는 그 학생처럼 강연 등에서 메시지를 전하는 당사자도 많아졌지만, 많은 성소수자들은 주위의 사람에게 자신의 섹슈얼리티를 말하지 않고 있다.

이 장에서는 다양한 섹슈얼리티의 사람들에게 들은 성별정체성을 알게 된 순간부터 현재에 이르기까지의 체험담을 소개한다.

● 변하고 있는 사회

학교나 일반사회에서는 아직도 섹슈얼리티를 밝히기 어렵지만, 텔레비전이나 신문 등에서 LGBTQ에 대한 이야기가 많아지면서 알려지게 되었다.

2015년 일본 시부야구에서는 '시부야구 남녀 평등 및 다양성을 존중하는 사회를 추진하는 조례'가 성립되어 그것에 기초한 동성 간의 파트너십 증명서 교부가 시작되었고, 이어 다카라즈카시, 요코하마시 등 다른 지자체도 성소수자 지원 검토를 시작했다.

2015년 6월에는 미국 연방최고재판소가 동성애를 헌법상의 권리로 인정하는 판결을 내렸다. 73쪽에서는 그런 미국의 상황에 대해, 샌프란시스코에 사는 일본인 게이에게 들은 이야기를 실었다.

[T] 트랜스젠더(FtM) 하루키 / 고등학교 1학년

"호적과 신체는 여자, 마음은 남자예요."라고 자신을 소개한 하루키 씨가 처음 성별을
의식한 것은 초등학교 3학년 경이었습니다. 그때까지는 자주 함께 놀았던 남자아이들
이 점점 자신에게 함께 놀자고 하지 않는 한편, 여자아이들은 함께 놀자고 하는 일이
늘어나 성별정체성을 의식하게 되었습니다.

하루키   초등학교 때는 좋아하는 남자나 귀여운 물건에 대해 이야기
를 나누는 '여자아이들의 대화'에 낄 수 없다는 게 가장 큰 고민이었는
데, 그 원인이 성별이라는 생각은 안 했던 것 같아요. 막연하게 어른이
되면 남자가 될 거라고 생각했어요.

자신의 성별에 위화감을 느끼게 된 계기는 무엇인가요?

하루키   중학교 교복이요. 여학생용 교복을 입어야 한다는 것에 굉장
히 거부감을 느껴서, 매일 아침 20~30분이나 걸려서 옷을 입었어요.
그런 상태로 어떻게든 1년은 다녔는데, 2학년이 됐을 때 (교복을 입으려
고 하니까) 토할 것 같아서 학교를 갈 수 없게 됐어요. 그리고 학교를 쉬
는 동안 인터넷으로 제가 느끼는 위화감에 대해 검색해보고 처음으로
'성별정체성장애'라는 걸 알게 되면서 '아, 나는 이거구나' 하고 생각했
어요.

학교를 쉬게 된 이유에 대해서 가족들은 뭐라고 하던가요?

하루키　처음에는 '친구 관계에 문제가 있어서'라고 설명했어요. 그래도 어머니는 어쩐지 뭔가 다르다고 눈치를 챘던 것 같아요. 그 무렵에 어머니하고 같이 상담원을 만나러 갈 기회가 있었는데, 그때 제 마음에 대해서 상담을 했어요. 그 후 고등학교를 정하는 시기에 상담원과 함께 어머니한테 커밍아웃을 했죠.

어머니 반응은 어땠나요?

하루키　"뭐야, 그런 거였어?" 하고 우셨어요.

오랫동안 학교를 안 갔기 때문에 뭔가 있다고 어렴풋이 느끼긴 했지만, 그 무언가가 '성별에 대한 위화감'이라는 것에 놀랐다기보다 이유를 알아서 안심하신 것 같았어요.

저는 계속 '딸'로서 부모님을 마주하는 게 거짓말을 하는 것 같은 기분이 들어서 괴로웠어요. 죽고 싶다고 생각한 적도 있었어요. 하지만 어머니는 "여자든 남자든 내 자식인 건 변함이 없어."라고 말해주셨어요. 어머니라는 제일 가까운 존재가 받아들여 주어 마음이 편해졌어요.

지금 쓰고 있는 '하루키'라는 이름도 어머니가 같이 생각해준 거예요.

어머니 이외의 누군가에게 커밍아웃을 한 적은 있나요?

하루키　중학교 때 같은 반이었던 친구한테 말했어요. 그 친구하고는 학교에 안 가고 있을 때도 같이 놀았는데, 졸업식 전에 내가 학교에 안 가는 이유를 설명했어요. 그랬더니 그 친구는 "말해줘서 고마워."라고 하더라고요. 정말 기뻤어요.

고등학교 생활에 대해서 말해 주세요.

하루키   교복이 없는 걸 첫 조건으로 골라서, 지금은 정시제 고등학교[•]에 다니고 있어요.

입학이 정해졌을 때 고등학교 보건 선생님, 학년주임 선생님하고 면담을 해서, 화장실은 어떻게 할지, 보건실을 탈의실로 쓰는 것 등을 정했어요. 정시제 고등학교에는 외국인도 많아서 입학할 때 '희망하는 호칭'이라는 난이 있어요. 거기에 호적상의 이름이 아니라 하루키라는 이름을 쓸 수 있도록 허락을 받은 게 정말 기뻤어요. 다만, 성별정체성 장애에 대한 지식이 있는 선생님도 계신 반면에 그렇지 않은 선생님도 계시더라고요.

지식이 있는 선생님은 "뭐라고 부르면 될까?" 하고 물어봐 주시거나, 학생들하고 다른 화장실을 쓰는 것에 대해서 아무 말씀도 안 하세요. 그리고 과하게 신경 쓰지도 않으시고 평범하게 대해 주세요. 그런데 저한테 "여자니까 ~해야지."라고 하시거나, 저를 가리키면서 '그 여자애'라고 하는 선생님이 계세요. 담임 선생님이 그런 분이셔서 보건 선생님께 상담을 했더니 대신 말씀을 해주셨는데, 다음날 갑자기 수업을 할 때 맥락도 없이 '동성애에 관해서'라는 주제로 이야기를 시작하셔서 정말 아무것도 모르시는구나 하고 생각했어요.

• 야간이나 특별한 시간 또는 시기에 수업을 실시하는 과정, 다양한 이유로 전일제 고등학교에 진학이 어려운 청소년들에게 고등학교 교육을 받을 수 있는 기회를 주기 위해 설치한 제도 – 역자 주

같은 반 친구들도 그래요. 자연스럽게 받아들이는 아이들이 있는가 하면, "여자니까 좀 여자답게 굴어."라고 지적하는 아이들도 있어요. LGBT에 관해서 '그런 사람도 있구나'라는 것을 알아줬으면 좋겠다고 생각해요.

장래 목표 같은 게 있을까요?

하루키 우선 '내 몸을 원래로 돌리고 싶다'고 생각하고 있어요. 저는 남자 복장을 하기 때문에 처음 만난 사람이 '어느 쪽이지?' 하고 가슴이나 울대뼈를 쳐다보는 경우가 많아요. 그래서 빨리 '원래대로 돌아가고 싶다'라고 생각해요.

다만 부모님 돈으로 수술을 하고 싶지는 않기 때문에 돈을 모으고 있어요. 그리고 호적상으로도 남자가 되고 싶어요. 또 대학에도 가고 싶어요. 장래에는 제가 처음 고민을 상담했던 중학교 상담 선생님처럼 고민하는 사람이 기댈 수 있는 존재가 되고 싶어요.

마지막으로 전하고 싶은 말이 있으면 부탁드려요.

하루키 동창회 같은 곳에서 오랜만에 만났을 때, 예전에는 여자라고 생각했던 사람이 남자가 됐다거나 또는 주변 사람들이 '아, 그런 거였구나' 하고 받아들여 줄 수 있는 사회가 되었으면 좋겠어요.

아이들의 성 정체성 고민, 어떻게 대응할까

[G] 게이 에크 / 고등학교 3학년

에크 씨가 자신이 동성을 좋아하는 것 같다고 느낀 것은 중학생 때였습니다. 하지만 당시에는 그것이 어떤 것인지 알려고 하지 않았습니다. 그리고 처음 실연을 당한 후 '나는 뭘까?'라는 생각이 들어서 동성애에 대해 알아보기 시작했습니다.

<u>에크</u>　　중학교 때는 동성을 좋아하는 걸지도 모른다고 생각하면서도 저한테 고백을 해온 여자애하고 사건 적도 있어요. 그런데 뭔가 잘 안 맞는 느낌이어서 헤어졌지요. 그 후로 고등학생이 되어서 처음으로 남자(학교 선배)하고 사귀게 됐는데 정말 즐거웠어요. 그래서 나는 역시 동성을 좋아하는구나 하고 느꼈죠.

사귀던 선배하고 섹슈얼리티에 관해서 이야기한 적은 있나요?

<u>에크</u>　　둘이서 섹슈얼리티에 관해 이야기한 적은 거의 없었던 것 같아요. 사귀게 된 계기는 선배의 사귀자는 말이었어요. 선배는 주위의 사람들에게 들키지 않으려고 비밀로 했었는데, 저는 그 마음을 짐작 못하고 들떠 있었던 면이 있었죠. 그게 원인이었는지 선배가 졸업할 즈음에 헤어지게 됐어요. 충격이 심해서 한동안 정신적으로 불안정했었어요. 그 후 '나는 뭘까?'라는 걸 알기 위해 찾아보기 시작했고, 제 자

신이 게이라는 것을 자각했어요.

섹슈얼리티를 자각했을 때는 어떤 기분이었나요?

에크　처음에는 주위의 '호모'라거나 '재수없다'라는 발언이 저를 향한 말처럼 느껴졌어요. 내 주변에는 적밖에 없다고 생각한 적도 있었고요. 하지만 제 섹슈얼리티를 알게 되면서 성소수자 인권단체 중 한 곳에 방문한 것을 계기로 의식이 달라졌어요.

그 단체 활동의 일환으로 자신의 체험을 다른 사람에게 이야기하는 경험을 반복하면서 점점 자신감을 가질 수 있게 되었어요. 그때부터 활동을 통해서 또래의 성소수자 친구가 생겨서 평소 학교에서는 할 수 없었던 이야기를 할 수 있게 된 것도 기뻤지요.

자신의 체험을 말할 때 자주 받는 질문이 있나요?

에크　중학교나 고등학교의 공개수업에서 저하고 비슷한 나이대의 사람들하고 이야기를 할 기회가 있어요. 그렇게 LGBT 당사자가 아닌 사람들하고 이야기를 하는 장소에서는 "애인이 있나요?" "이상형은 어떻게 되세요?" 같은 질문이 많아요. 그리고 텔레비전에 나오는 '성소수자 역할 연기자'를 보고 하는 질문이라고 생각하는데 "여장도 해요?"라는 질문도 자주 받아요. 그럴 때는 "저는 여장을 하고 싶다고 생각한 적이 없어요."라고 대답하는데, 역시 미디어의 영향은 크구나 하고 생각했어요.

사실 제 자신도 예전에는 '게이는 여장을 한다'라는 이미지를 가지

　아이들의 성 정체성 고민, 어떻게 대응할까

고 있었으니까요. 하지만 실제로는 전혀 그렇지 않거든요.

텔레비전에 나오는 '성소수자 역할 연기자'는 그런 캐릭터를 연기하고 있는 부분도 있다고 생각해요. 하지만 그걸 통해서 '게이=여장하는 사람'이라는 오해가 퍼지는 것도 사실이고요. 그리고 그런 방송을 보는 부모님의 반응이 별로 좋지 않거나, 남의 일처럼 여기는 것을 볼 때마다 부모님에게 내 이야기는 못하겠구나 하고 생각해요.

누군가에게 자신의 섹슈얼리티에 관해서 알린 적이 있나요?

에크 　친구나 동생에게는 중학생 때부터 말했어요. 그리고 고등학교 때는 상담 선생님이 일주일에 한 번 오시는데, 성소수자 인권단체에 갈까 말까 망설이고 있을 때 갈 수 있게 용기를 주신 분이 그 선생님이셨어요.

중학생 때 보건 선생님은 말해도 절대로 이해해 주지 않을 것 같은 인상이어서 말하지 않았어요. 하지만 고등학교 보건 선생님은 아무렇지 않게 받아들여 주셔서 기뻤어요. 선생님도 정말 여러 타입이 있다고 생각했어요. 그리고 친구라고 믿었던 사람한테 커밍아웃을 했다가 멀어지기도 했어요. 그때는 괴로웠죠.

장래 목표 같은 게 있을까요?

에크 　학교 수업은 기본적으로 이성애를 전제로 하죠. 그런 게 싫기도 하고 상처받는 아이들도 있다고 생각해요. 그래서 아직 구체적으로 정하지는 않았는데, 학교 선생님이 되어서 성이 다양하다는 것을 전할 수 있다면 좋겠다고 생각했어요. 그리고 언젠가는 좋은 상대를 만나서 결혼할 수 있으면 좋겠다고도 생각해요. 하지만 그렇게 되면 부모님께도 말씀을 드려야 하는데, 그렇게 생각하니 마음이 복잡하네요. 부모님께 말씀드리는 건 아직 어려울 거 같아요.

아이들의 성 정체성 고민, 어떻게 대응할까

당사자가 보낸 메시지 3

[L] 레즈비언 나쓰 / 사회인

"저의 경우는 사춘기 때 '좋아하는 데 성별은 관계 없어'라는 사고방식을 가졌었기 때문에, 제가 레즈비언이어서 갈등한 적은 별로 없던 것 같아요."라고 말한 나쓰 씨는 현재 임상심리사로 일하고 있는 사회인으로, 4년 전에 파트너와 결혼식을 올렸습니다.

<u>나쓰</u>　　중학교도 고등학교도 여학교를 다녔는데, 그런 환경에서는 교내에 좋아하는 사람(즉, 동성)이 있는 건 특별한 일도 아니었고, 주위에 성소수자에 대한 편견 같은 걸 가진 사람이 별로 없는 사춘기를 보냈어요. 그런 환경에 있었기 때문에 당시에는 내가 여자를 좋아하는 것에 의문을 느끼는 일이 별로 없었어요. 비교적 성교육에 열심이었던 학교이고 학교에서 나눠준 책자에 성소수자에 관한 페이지가 있었던 것도 관계가 있었을지도 몰라요.

　　그런데 대학에 진학해서 여자애들끼리 연애 이야기를 하던 중에, 연애 대상으로 여자 이야기를 했다가 "혹시 레즈야?"라는 말을 들었어요. "나는 넘보지 마."라고 하는 사람도 있었고요.

당시에 동성을 좋아한다고 했던 중학교, 고등학교 동급생들도 레즈비언이었나요?

나쓰　　그중에는 그런 사람도 있었겠지만, 당시에 동성을 좋아했던 동급생들이 모두 그 후에도 동성을 좋아한 건 아니에요. 단지 당시에는 '좋아하게 된 사람이 어쩌다보니 여자'라는 정도로 생각했던 친구들이 많았던 것 같아요.

부모님께도 바로 커밍아웃을 했나요?

나쓰　　제가 대학에 진학했을 때(1993년 경), '게이 컬쳐 대유행'이 있었고, 잡지 같은 데서 자주 특집으로 다뤘어요. 거기서 레즈비언이나 바이섹슈얼 여성을 서포트하는 단체를 알게 되어 그곳에서의 활동을 시작했어요. 어머니께 말씀드린 건 그 무렵이었어요. 그런데 어머니는 "(여학교만 다녀서) 남자를 몰라서 그래."라고 하셨어요. 그래서 대학에 진학해서 남자도 사귀어 봤는데 뭔가 이건 아니다, 역시 여자가 좋다고 생각했어요.

'뭔가 이건 아니다'라고 느낀 포인트는 어떤 점이었나요?

나쓰　　저는 남자를 절대 사귈 수 없는 건 아닌 것 같아요. 단지 남자하고 있으면서 '여성스러움'을 강요당하는 기분이 든 적이 많아요. 제가 더 나답게 있을 수 있는 상대가 여자였던 거죠.

'결혼'하셨다고 들었어요.

나쓰　　네. 파트너하고는 11년 전부터 사귀었는데, 주위에 이성애자 친구들이 점점 결혼하는 걸 보고 '왜 우리는 결혼할 수 없을까?' 하고 고민했던 시기가 있었죠. 그럴 때 중고교 시절부터 알고 지내던 친구가 "결혼식 하면 되잖아!"라고 용기를 줬어요. 그 말을 계기로 4년 전에 결혼식을 올렸죠.

식장을 구하는데 "동성 커플은 전례가 없어서……."라고 거절당하기도 하는 등 여러 일들이 있었는데, 친구들도 많이 와 줘서 식 올리기를 정말 잘했다고 생각해요. 다만 아쉬웠던 게 부모님을 모시고 식을 올리지 못했어요. 아버지께서는 흔히 말하는 '옛날 사람'이어서 받아들이기 힘드셨던 것 같아요.

하지만 2011년에 동일본대지진이 있었을 때는 아버지가 "(파트너의) 친척 집에 피난 갈 수는 있는 거냐?" 하고 연락을 주셔서, '가족'으로 인정은 하시는구나 하고 생각했어요.

결혼하신 것에 대해서 직장 사람들한테는 어떻게 말씀하셨나요?

나쓰   현재 일본에서는 법적으로 동성 결혼은 할 수 없기 때문에 직장에 서류를 제출하지는 않았어요. 하지만 결혼했냐고 물어보면 "네."라고 대답해요. "혼인신고는 안했지만 사실혼 상태예요."라고 대답하기도 하고요.

저는 상담원 일을 하고 있는데, 학교 현장에 상담원으로 가는 경우가 있어요. 어느 날, 방문한 학교 선생님께 제 섹슈얼리티에 대해서 말했는데 "그런 건 말 안 하는 게 좋아."라고 하시면서, "나는 괜찮은데, 불쾌하게 생각하는 사람도 있거든."라고 하시더라고요. '나는 괜찮은데……'라고 하는 사람이야말로 편견이 있는 사람인 건 흔한 얘기죠.

문부과학성(한국의 교육부)에서 내린 지침(116쪽 참고)도 있어서 성소수자에 대한 교육은 조금씩 나아지고 있지만, 학교 현장의 선생님들 중에는 아직 그런 사고방식을 가진 분이 많지 않은 것이 현실이라고 생각해요. 그래도 학교 현장의 선생님들께서 매일 마주치는 학생들 중에 고민을 안고 있는 학생들이 있다는 것을 고려해서, '남자답게' '여자답게' 같은 말을 쓰지 말고, 학생이 '자기답게' 살아갈 수 있는 환경을 만들어 주었으면 좋겠어요.

현재 학교에 다니고 있는 성소수자 학생에게 전하고 싶은 말이 있나요?

나쓰   사춘기 때는 이거라고 생각하면 돌진하는 면이 있다고 생각해요. 예를 들어, '여성스러움을 강요당하는 게 싫어' 그러니까 '남자가 될래' 같은 식으로 생각하는 친구들이 적지 않죠. 상대를 잘 알아보지 않고 커밍아웃을 해서 상처를 받는 경우도 적지 않고요. 하지만 사춘기는 흔들리는 시기니까 바로 무언가를 정하지 않아도 돼요. 급하게 생각하지 말고 '자기다움'을 소중히 하면서 섹슈얼리티를 생각해 보면 좋겠어요.

당사자가 보낸 메시지 4

[T] 트랜스젠더 (FtM) 하루 / 20대 사회인

대학교 때부터 호르몬 치료를 시작해서, 현재는 호적도 남성으로 바꾼 하루 씨는 "이렇게 태어났기 때문에 할 수 있는 일도 있지 않을까 생각해요."라고 말합니다.

자신의 성별을 의식한 건 언제부터인가요?

하루   저한테는 형이 있는데, 어렸을 때부터 형이 물려준 물건을 받는 게 기뻤고, 관심이 생긴 상대가 여자애였다는 점에서 스스로 성별 위화감을 느꼈던 것 같아요. 그 점이 명확해진 건 초등학생 때 성별위화감을 겪는 등장인물이 나오는 텔레비전 드라마를 보게 되면서였어요. 그걸 계기로 조금 찾아보고 '나도 이거구나' 하고 생각했어요.

그것에 관해서 주위의 사람들에게 말한 적이 있나요?

하루   아뇨. 제가 초등학교를 다닐 무렵에는 자신에 대해 이야기를 잘 안 하는 편이어서 주위의 친구들이 신기해했던 게 생각이 나요. 처음으로 커밍아웃을 한 대상은 어머니였는데, 제가 고등학생 때였어요.

그때까지 계속 혼자 마음에 담아두고 있으면서 괴롭지는 않았나요?

하루   초등학생 때부터 수영을 했는데, 거기에 열중해서 여자 교복도 수영복도 참을 수 있었던 것 같아요. 하지만 성장하면서 남자들하고 체격도 달라지고 점점 이길 수가 없어서 수영은 고등학교에 들어가기 전에 그만뒀어요. 체력적으로 남녀 차를 느끼는 게 분하고 남자가 부러웠어요. 그리고 좋아하는 여자애 앞에서 남자로 있을 수 없다는 것도 괴로웠어요.

어머니께 커밍아웃을 한 건 어떤 일이 계기가 됐나요?

하루　　그것도 텔레비전이 계기가 됐어요. 성별위화감을 겪는 등장인물이 나오는 드라마를 보다가 "나도 이래."라고 말했어요. 어머니는 "어쩐지 그럴지도 모르겠다고 생각했었어."라고 하시더라고요. "원하는 대로 낳아주지 못해서 미안해."라고도 하셨고요.

　그 무렵에 고등학교 친구에게도 말했어요. 울어주는 친구도 있었고, "너는 그냥 너야."라고 말해주는 친구도 있었어요. 나는 좋은 친구들을 만났구나 하고 생각했어요.

　하지만 그런 친구들 앞에서 '여자 옷'을 입고 있다는 것이 왠지 거짓말을 하고 있는 기분이 들어서 괴로웠어요.

현재는 호적 변경도 완료했다고 들었는데, 치료는 언제부터 시작했나요?

하루　　아버지는 '여자는 이렇게, 남자는 저렇게'라고 생각하시는 분이세요. 계속 '딸'을 원하셨고 제가 교복을 입고 있으면 좋아하셔서 말을 꺼내기가 정말 어려웠는데, 18살 때 아버지께 상담을 했어요. 당시에 아버지는 "착각하는 거야."라고 말씀하셨지만, 계속 설득했더니 상담받는 건 허락해 주셨어요. 그때부터 치료를 시작했죠.

대학에서는 진학하자마자 바로 커밍아웃을 하고, 그 무렵부터 취직을 할 때까지는 호적 변경을 목표로 치료를 계속했어요. 실제로 취직할 때까지는 변경을 못 했지만, 면접 때 호적변경에 대한 이야기를 했더니 업무 유니폼 같은 건 처음부터 남성용으로 만들어 주셨어요.

호적 변경에 대해서 아버지께 말씀드렸더니 "스스로 책임지는 거야."라고 하셨는데, 전면적으로 받아들여 주신 건 아니라고 생각해요. 지금 사귀고 있는 사람이 있는데 아버지께 소개를 해도 될지 고민하고 있어요.

치료기간 중에 힘들었던 점은 있었나요?

<u>하루</u>　　병원에서 진료 카드를 낼 때 '어느 쪽이지?' 하고 얼굴을 살펴보는 게 싫었어요. 길에서 스쳐 지나가는 사람들도 이리저리 훑어보는 게 느껴져요. 호르몬 치료받을 때 불안하기도 했지만 다행히도 부작용 없이 끝났어요. 지금은 유선 제거 수술도 했고, 셔츠 한 장만 입고도 밖에서 걸어다닐 수 있어서 행복해요.

현재, 자신의 성별에 대해 고민하고 있는 사람에게 전하고 싶은 말이 있나요?

<u>하루</u>　　저 역시 나에 관해 이야기하면 주위의 사람들이 나를 피해서 사라져 버리지 않을까 하는 생각들로 불안했어요. 하지만 괴로운 일을 이겨내면 그 앞에 뭔가 펼쳐질 거라고 생각해요. 저도 이렇게 태어났

기 때문에 세상에는 다양한 사람이 있다는 것을 알게 된 것 같고, 그런 생각을 전하는 것으로 지금 고민하고 있는 누군가에게 힘을 줄 수 있었으면 좋겠다고 생각해요.

FtM이라고 해도 다들 같지 않고, 치료를 받을지 안 받을지도 당사자 마음에 따라서 다르기 때문에, 주위 사람은 '그 사람이 어떻게 하고 싶어 하는지' 원하는 바를 들어줬으면 좋겠어요.

[G] 게이 소우 / 20대 사회인

'나는 게이다'라고 인정하면 지금의 생활을 잃게 되지 않을까 하는 공포를 안고 있었을
무렵 인터넷에서 게이들의 지극히 평범한 일상을 그린 만화를 보고, '나도 이렇게 평범
하게 즐거운 인생을 살 수 있다'라고 생각한 것이 자신의 섹슈얼리티를 스스로 인정하
게 되었다고 합니다.

연애 대상이 동성이라는 것을 알게 된 계기는 무엇인가요?

<u>소우</u>　　　중학교 때 영어 회화 수업 시간에 반 친구들 몇 명이서 서로
안아보자는 코너가 있었어요. 그때 어떤 아이를 저도 모르게 눈으로
쫓고 있었는데 그게 남자였어요. 연애감정이라기 보다는 '왠지 신경이
쓰이는' 정도였는데도 '이건 다른 사람에게 말할 수 없는 거다'라는 생
각이 들었어요.

　　확실히 자각한 것은 고등학생 때 게이의 일상을 그린 만화를 보면서
였어요. 그때까지 게이가 어떤 생활을 하는지 이미지화하기 어려웠는
데, 그 만화를 보고 일상에서 스쳐 지나가는 사람 중에도 게이가 있다
는 걸 알게 됐어요. 다만 그즈음부터 주위의 사람이 이야기하는 '호모
개그'나 텔레비전를 보고 하는 가족의 별 뜻 없는 이야기가 굉장히 신
경 쓰이기 시작했어요.

다른 사람에게 말할 수 없다는 생각을 했다고 했는데, 고민을 계속 혼자 품고 있었나요?

<u>소우</u>   블로그를 만들어서 토해내고 싶은 생각은 거기에 썼어요. 그 랬더니 점점 비슷한 나이대에 같은 고민을 가진 사람들이 글을 올려 주기도 해서 혼자가 아니구나 하고 생각할 수 있었어요.

고등학교 때부터 성소수자 단체 활동에 참가했는데, 밖에 나가는 일 이 많아진 것을 계기로 부모님께 커밍아웃을 했어요. 부모님은 두 분 모두 의료관계 일을 하셔서 진작부터 성소수자에 관한 지식은 있었다 고 생각해요. 다만 그래서인지 게이라는 말을 듣자마자 HIV를 연상하 시고, 그 이후로 통금시간을 정하시는 등 과보호 경향을 보이셨어요.

하지만 저도 드디어 고민을 터놓고 이야기할 수 있는 사람을 만난 직후여서 밖에 나가고 싶은 마음이 강했기 때문에 부모님과는 많이 싸 웠죠. 지금 생각해 보면 그것도 부모님과 인간 대 인간으로 마주할 수 있는 기회였던 것 같아요.

부모님께 커밍아웃을 하고부터 점점 주위의 사람에게도 알리기 시 작했어요.

그때 인상적이었던 게 "텔레비전을 보고 별 생각 없이 한 말로 상처 를 준 것 같아서 미안해."라고 누나가 말했어요. "텔레비전을 보고 징 그럽다고 한 것도, 정말 그렇게 생각했던 건 아닌데 그렇게 말해야 할 것 같은 분위기여서 거기에 휩쓸렸어."라고요.

그런 분위기를 바꿀 수 있었으면 좋겠다고 생각해요.

아이들의 성 정체성 고민, 어떻게 대응할까

주위의 친구에게는 어떻게 알렸나요?

소우   고등학교 때 진로에 대해서 이야기하다가 사이가 좋은 친구들한테 커밍아웃을 했어요. "놀랐지만 그렇다고 해서 너에 대한 생각이 바뀌는 건 아니야." 하고 말해주는 친구가 많아서 기뻤어요. 그리고 진로를 정할 때 담임 선생님께도 커밍아웃을 했는데, "지금까지 눈치도 못 채고 상처 주는 말을 했을지도 모르겠네. 미안해." 하고 말씀해 주셨어요.

그 후로 그 선생님께서 용기를 주셔서 고3 때 문화제에서 커밍아웃을 했어요. 그렇게 내 섹슈얼리티를 공표하면 어떻게 될까 생각했지만 의외로 다들 아무렇지 않게 받아들여 줬어요.

대학에서는 섹슈얼리티에 관한 연구를 전공했기 때문에 입학 때부터 커밍아웃을 했어요.

커밍아웃한 후에 주의하고 있는 점이 있나요?

소우   제가 하는 말이 '게이의 의견'은 아니라는 거예요. 지금까지 상대가 게이인 걸 알고 만난 적이 없는 사람들 중에는, 제가 커밍아웃을 한 후부터 저를 '게이 대표'라고 생각하는 사람이 있어요. 하지만 게이는 어디까지나 하나의 요소고, 게이라고 모두 같은 의견을 가진 것은 아니거든요. 이것은 이성애자도 같잖아요. 그걸 혼동하지 않도록 주의하고 있어요.

앞으로 사회가 어떻게 변했으면 좋겠다고 생각하는지 말해보세요.

<u>소우</u>   일본의 경우 아직 게이 '롤모델'이 별로 없는 것 같아요. 사춘기 때는 주위의 사람이 모두 헤테로섹슈얼(이성애자)로 보여서 나만 고립돼 있는 것처럼 느껴졌어요. 그럴 때 만났던 만화처럼 게이라도 '지극히 평범한 행복'을 꿈꿀 수 있는 사회가 되었으면 좋겠다고 생각해요.

그리고 인터넷에서 게이를 검색하면 섹슈얼한 것만 나오는데, 사춘기 때 필요한 건 우선 같은 고민을 공유할 수 있는 친구라고 생각해요. 그러니까 섹슈얼한 것에 치우치지 않은 정보에 제대로 접근할 수 있는 환경이 만들어졌으면 좋겠어요.

당사자가 보낸 메시지 6

[T] 트랜스젠더(MtF) 히로미 / 20대 사회인

고등학교 때 성별정체성장애라는 말을 알게 된 히로미 씨는, 스무 살이 되면 병원에 가자고 마음먹고 대학교 때 친구의 지지를 받아 치료를 시작했다고 합니다. 현재는 수술 비용을 모으고 있는데, 수술을 끝내고 호적을 바꾸면 "여자로서 온천에 가고 싶어요. 수영복을 입고 수영장에도 갈 계획을 세웠어요." 하고 말했습니다.

자신의 성별에 대해서 의식하기 시작한 건 언제쯤인가요?

<u>히로미</u>　중학교 때였던 것 같아요. 초등학교 때도 '란도셀*을 빨간색으로 하고 싶은데'하고 생각했지만, 전반적으로 남녀 사이가 좋은 반이어서 별로 성별을 의식하는 일은 없었어요.

　중학교 때부터 점점 학교에서도 남녀로 나뉘는 경우가 많아져서 '나는 이쪽이 맞나?'하고 생각하게 됐어요.

학교생활을 하면서 곤란했던 일이 있었나요?

<u>히로미</u>　학교에서 '호모, 변태' 같은 말로 놀리는 친구들도 있었지만, 좋게 말하면 '놀리면서 친해지기 좋은 타입' 같은 느낌이어서 학교 생활은 별 문제가 없었던 편이라고 생각해요. 여자아이들과도 친하게 지

● 란도셀: 일본 초등학생들이 매는 가방. 일반적으로 남자는 까만색, 여자는 빨간색이라는 인식이 있다-역자 주

내는 경우가 많았고 쉬는 날에는 같이 쇼핑하러 다니기도 했어요.

교복은 중학생 때 입었던 블레이저는 그렇게 싫지 않았는데, 고등학생 때 입었던 짧은 스탠드칼라 형태는 싫어서 티셔츠하고 트레이닝복 반바지에 파카를 걸치고 다녔어요. 그리 교칙이 엄한 학교가 아니어서 그런 걸로 특별히 혼이 나거나 하지는 않았어요.

화장실은 교실에서 멀리 떨어진 곳에 있는, 사람들이 잘 사용 안 하는 곳을 찾아 사람들 눈치 못 채게 달려서 다녀오곤 했어요. 몇몇 애들이 "쟤는 언제 화장실에 가는 거야?"라고 수군거리기도 했죠.

수학여행은 운 좋게 욕실이 딸려 있는 독실이 있어서 거길 사용했어요. 체육이나 건강검진이 있을 때는 여자애들이 잘하는 '입은 채로 옷 갈아입기'를 따라 했어요. 다만 수영 수업은 어떻게 할 수가 없어서 학생 수가 적은 보강을 받으려고 수업 시간에는 빠졌어요.

성별정체성장애에 대해서 알게 된 것은 언제인가요?

히로미　고등학생 때 텔레비전 뉴스를 보고 알게 됐어요. 그 무렵에 텔레비전에서 그런 내용을 다루는 경우가 많아서 저한테도 현실로 와 닿았던 것 같아요. 그래서 컴퓨터로 이것저것 검색을 했는데, 수술을 받으려면 부모의 동의서가 필요한 것을 알게 됐고, 아직 커밍아웃하는 건 무서워서 스무 살이 되면 병원에 가보자고 마음먹었죠.

실제로는 스무 살이 되고도 여전히 부모님께 알리는 게 무서웠지만, 친구가 "평생 그렇게 살 거야?" 하고 등을 밀어서 정신과에 다니기 시작했어요. 지금은 호르몬 치료 중이고 수술을 하려고 돈을 모으고 있

아이들의 성 정체성 고민, 어떻게 대응할까

어요.

그럼 부모님보다 먼저 친구에게 커밍아웃을 한 건가요?

히로미　사실은 대학 동급생 중에 MtF가 있었어요. 주위의 사람들이 다들 '별다르지 않네' 하고 받아들여 주는 것을 보고, 저도 새로 만난 사람에게는 커밍아웃을 할 수 있었어요. 여자 친구들에게 화장하는 방법을 배우거나 치마를 입기도 했어요.

고등학교 때 친구에게 말한 것도 그즈음인데, "너는 그냥 너야."라고 하더라고요. 그렇다고 하더라도 부모님께 말할 용기가 도무지 안 나서 옷도 집이 아닌 장소에서 갈아입는 생활을 이어갔어요. 부모님께 말을 한 건 대학교 3학년 때인데, 병원 진료를 받고 '성별정체성장애'라는 진단이 나온 후였어요. 말하기까지는 정말 오래 걸렸는데 부모님은 조금씩 눈치를 챈 모양이었는지 금방 받아들여 주셨어요. 특히 어머니하고는 지금도 자주 옷을 사러 갈 정도로 사이가 좋아요.

그렇게 주위의 사람들이 따뜻하게 받아들여 줘서 좋은 환경에 둘러싸인 느낌이지만 길에서 스쳐 지나가는 잘 모르는 사람들은 기분 나쁜 말을 하기도 해요. 타인의 시선에는 굉장히 민감해진 것 같아요.

지금 사춘기를 보내면서 자신의 섹슈얼리티를 고민하고 있는 사람에게 전하고 싶은 말이 있나요?

히로미　우선 커밍아웃에 대해서인데, 상대의 입장에서 '혹시 갑자기 이야기를 꺼내면 받아들일 수 있을까?'를 생각하는 게 중요하다고 생각해요. 고민을 하다보면 나만 이렇게 힘든가? 라고 생각하기 쉬운데, 상대가 받아들일 수 있는 여유가 있는지 어떤지 알아보는 게 중요해요.

그리고 주위의 사람에게 말하고 싶은 게 있어요. 지금 '성소수자가 늘어나고 있다'고 생각하는 사람도 있을지도 모르지만, 저는 늘어나고 있는 게 아니라 지금까지 말을 하지 못했던 것뿐이라고 생각해요. 그리고 당신의 주위에 지금도 말하지 못하고 있는 사람이 있을지도 모른다는 걸 알았으면 좋겠어요.

수술이 끝나면 하고 싶은 일이 있나요?

히로미 　친구하고 온천에 가고 싶어요. 그리고 수영복을 입고 수영장에도 가보고 싶어요. 친구하고 이것저것 계획을 세우고 있어요. 여자로 지내지 못했던 청춘을 되돌리고 싶어요.

나답게 있을 수 있는 방법은 스스로 찾을 수밖에 없어요. 한 번뿐인 인생인데, 하고 싶은 것을 하는 게 성공한 인생이라고 저는 생각해요.

미국 LGBT에 관하여

답변 : 오니즈카 나오키

캘리포니아대학 샌프란시스코교 HIV감염예방교육전문관. 샌프란시스코 거주.
1980년에 미국으로 이주, 2008년에 게이 파트너와 결혼.

Q. 미국에서 LGBT는 인구의 어느 정도 비율인가요?

2012년 추산(캘리포니아대학 로스앤젤레스교 윌리엄즈 연구소에서 2011년에 발표한 데이터에 기반함)에 따르면, LGBT 인구는 미국 전체 성인의 3.8% 정도라고 합니다.

미국 전체에서 가장 LGBT가 많다고 하는 샌프란시스코에서는 전 인구의 15.4%가 LGBT라고 알려져 있습니다.

Q. LGBT가 각각 어떻게 다른지는 일반적으로 알려져 있나요?

미국 전체에서 가장 LGBT 인구가 많은 샌프란시스코에서는 성소수자 내의 다양성이 일반적으로 알려져 있지만, 보수적인 지역에서는 LGBT임을 커밍아웃하는 사람도 적고 인지도도 다릅니다. 성소수자의 다양성을 하나로 뭉뚱그려서 보는 지역도 있습니다. 그렇지만 LGBT가 각각 어떻게 다른지를 아는 것이 그렇게 중요한 건 아닙니다.

섹슈얼리티는 인간이 가지는 중요한 속성이므로 자신과는 다른 섹슈얼리티를 가진 사람과 만났을 때 어떤 태도를 취할지, 어떻게 대할지가 중요합니다. 그것은 상대의 '중요한 속성'을 존중하는 것이기 때문입니다.

예를 들어, 성소수자 커뮤니티 안에서도 '나는 트랜스젠더지 게이는 아니야'와 같이 '다른 섹슈얼리티와 혼동되는 건 싫다'는 생각을 가진 사람이 있습니다. 하지만 그것을 주장하는 것은 내부 차별이 생기는 원인이므로 주의해야 한다고 항상 생각하고 있습니다.

Q. 학교 교육에서 성소수자에 대해서 배울 기회가 있나요?

미국 학교는 독자성이 강하기 때문에 학교에 따라서 큰 차이가 있으므로 일괄해서 말할 수는 없습니다.

다만 교육 현장에는 '건강교육'을 해야 된다는 사명이 있습니다. 그 교육의 일환으로 '인간의 섹슈얼리티'를 다루기 때문에 그 다양성에 대한 이해와 수용을 촉구하는 맥락은 잡혀 있다고 생각합니다.

미국 교육 현장에서는 인간의 성을 젠더, 성별정체성, 성적지향, 성별표현으로 분류해서 설명하는 경우가 많습니다.

이들 언어의 의미를 생각하면서 인간의 성(Human Sexuality, 인간이 가지는 성적인 것들의 총칭. 막연하지만 그렇기 때문에 다양성을 나타낼 수 있음)에 대한 이해를 높여 갑니다.

Q. 10대 아이가 도움을 받을 수 있는 상담 관련 기관이나 커뮤니티 공간 등은 충분한가요?

샌프란시스코에는 Larkin Street Youth Services(http://larkinstreetyouth.org/)라는 청소년 성소수자를 위한 NGO(Non Governmental Organization, 비정부기구)가 있어서 무료 클리닉, HIV 클리닉, 쉼터의 역할과 고용 알선 등 다양한 서비스를 제공하고 있습니다.

또한 학교에는 상담 교사가 있어서 필요에 따라 개별적인 지원이 제공됩니다.

아이들의 성 정체성 고민, 어떻게 대응할까

Q. 미국 모든 주에서 동성애 법안이 가결(2015년 6월) 되었는데, 동성혼이 인정받기까지 주에 따라서 시간차가 있었던 건 무엇 때문인가요?

미국에서의 호모포비아(동성애에 대해 부정적인 가치관을 가지는 것)는 종교 문제(서구에서 많은 사람들이 믿고 있는 기독교의 경전인 성서에 있어서, 오랫동안 동성애는 종교상의 죄로 취급 받았기 때문이다. 하지만 성서의 해석은 기독교의 교파나 연구자, 성직자에 따라서 다양하며 현재에도 여러 견해가 존재한다.)가 큰 원인 중 하나이기 때문에 그것이 동성혼이 인정받기까지 시간차가 있었던 원인 중 하나이기도 합니다.

미국은 다민족 국가이지만 다른 인종 사이의 결혼이 모든 주에서 합법화된 것은 1967년이었습니다. 결혼법은 주가 관할하는 전통이 있으므로 이번 동성혼과 같이 주 별로 그 합법화 시기가 달랐던 것입니다.

양쪽 모두 합법화가 되기까지의 긴 여정에는 미국 각 지역이 가진 전통이나 문화, 인종 구성과 경제 현황 등 다양한 요소가 얽혀 있습니다.

Q. '혼인을 인정받지 못했다' 이외에 LGBT의 권리가 침해 당한 대표적인 예를 가르쳐 주세요.

현시점에서 큰 문제는 주에 따라서 동성애자인 것을 이유로 해고하는 것을 금지하지 않은(인정한) 곳이 있다는 것입니다. 그런 일이 가능하다는 것을 이상하게 생각하는 사람이 있을지도 모르겠지만 정말 일어나고 있는 일입니다.

다만 그런 문제도 이번 동성혼 합법화와 함께 빠른 속도로 해결되지 않을까 기대하고 있습니다.

Q. LGBT 의식에 관해 일본과 미국이 크게 다른 점은 무엇인가요?

미국에 있어서 LGBT에 관한 인식은 우호적이거나 부정적인 양 극단으로 치우치는 경향이 있습니다.

예를 들어 근래에 동성혼 운동을 하면서 LGBT가 어떤 존재인지를 예전보다도 명확하게 알게 된 사람도 늘어났지만, 한편으로는 더 혐오하게 된 사람도 있는 것으로 보입니다.

그리고 미국의 경우 그런 '혐오감'을 행동으로 표출하는 경우도 많습니다. 1998년에 와이오밍주에서 젊은 게이 남성이 그 '혐오감' 때문에 폭행을 당하고 목숨을 잃은 참혹한 사건*도 있었습니다. 그렇게 LGBT를 향한 부정적인 인식이 공격적인 행동으로 이어지는 예가 있다는 것입니다.

일본에서도 인식이 다른 지점은 있다고 생각하지만 그것이 극단적인 행동으로 이어지는 사례는 미국보다 적으며, 그런 이유로는 종교를 포함한 문화적인 배경이 관련돼 있다고 생각합니다.

● 미국의 형법에는 '혐오를 원인으로 한 상해나 살인(Hate Crime, 혐오 범죄)은 그렇지 않은 경우보다도 처벌이 무거워진다'는 법률이 있다. 이 사건 당시에 성적지향은 혐오 범죄에 해당되지 않았지만, 이 사건을 계기로 그 대상이 되어야 한다는 운동이 시작되었다. 실제로 법률이 개정된 것은 2009년 10월 28일로, 무려 사건이 발생하고 11년이 흐른 뒤였다.

아이들의 성 정체성 고민, 어떻게 대응할까

성소수자가
직면한 문제

성소수자가 안고 있는
고민은?

성소수자가 안고 있는 고민이라면 어떤 것이 떠오르나요? 연애나 신체, 섹스에 관련된 것이 많다고 생각할지도 모르지만 그것만이 아니다. 섹슈얼리티 이야기를 공유할 수 있는 친구나 연인과의 만남, 커밍아웃, 일, 결혼, 가족에 대한 것 등, 고민하는 내용은 매우 다양하다. 왜냐하면 섹슈얼리티는 그 사람의 생활이나 인생에 크게 관련된 것이기 때문이다.

사춘기 때는 어른으로 성장해 가는 자신의 신체나 2차 성징에 위화감을 느끼는 사람도 있을 것이다. 그리고 주위의 사람들이 즐겁게 연애 이야기를 할 때, 동성을 좋아한다고 말할 수 없거나 혹시 주위에 들킬까봐 신경을 써서 지치는 사람도 있다. 어른이 되면 태어났을 때의 성별과는 다른 성별로 생활하거나 일을 하고 싶다고 생각하면서도 정말 그게 가능할까 등으로 고민하고 있는 사람도 있을 것이다.

성소수자가 겪는 힘든 일 중 하나는, 고민의 내용이 성과 관련돼 있다는 이유로 '다른 사람에게 이야기하기 어렵다'고 한다.

이 장에서는 성소수자가 안고 있는 고민을 몇 가지 예를 통해서 함께 살펴보려고 한다.

만남

● 같은 섹슈얼리티의 사람과 만나고 싶나요?

'나는 어쩌면 성소수자일지도 몰라' 그런 생각이 들기 시작했을 때 어떤 마음이 들까요? '나하고 비슷한 사람과 만나보고 싶다', '같은 섹슈얼리티를 가진 친구나 연인이 있었으면 좋겠다' 하고 생각할지도 모른다. 한편으로는 '내 섹슈얼리티를 아직 잘 몰라서 답답해', '섹슈얼리티를 명확하게 하고 싶은 마음도 있지만 갑자기 같은 부류의 사람과 만나는 건 조금 불안해' 하고 생각하는 사람도 있을 것이다.

양쪽 모두 자연스러운 생각이다. 같은 섹슈얼리티와 만나서 자신과 비슷한 생각이나 체험을 듣고 안심하거나 고민하고 있는 것에 대해 조언을 들을 수 있을지도 모른다. 하지만 섹슈얼리티가 같다고 해서 자신과 가치관이나 체험이 비슷하다는 보장은 없으며, 처음으로 자신 이외의 당사자와 만나는 것에 불안을 느낄 수도 있다.

● 만남의 장소는?

성소수자가 어떤 체험을 하는지에 대해서나 섹슈얼리티에 관한 정보는 책이나 인터넷으로 찾아볼 수 있다. 이 책에도 몇 명의 체험담(3장 참고)이 실려 있다.

인터넷으로는 다양한 정보를 얻을 수 있지만 누구나 자유롭게 정보를 올릴 수 있는 장소이기 때문에 그곳에 적혀 있는 정보가 모두 정확한 것인지는 알 수 없다. 인터넷에서 어떤 것을 검색할 때는 그곳에 적혀 있는 내용이 틀렸거나 한쪽으로 치우쳐 있는 경우도 있다는 것을 고려해야 한다. 그리고 인터넷은 같은 섹슈얼리티인 사람과 만나거나 이어지는 방법으로도 사용할 수 있다. 본명이나 얼굴을 드러내지 않고 다른 사람과 이어질 수 있는 것은 편리한 점이라고 할 수 있지만, 상대의 '얼굴'이 보이지 않기 때문에 상대가 거짓말을 하고 있는지 알 수 없기도 하다.

자신의 사진이나 이름, 주소, 학교 이름 등의 '개인정보'를 취급할 때는 주의가 필요하다. 인터넷상에 한번 올라간 정보는 타인이 보거나 누구나 볼 수 있는 곳에 공개되어 버리는 경우도 있기 때문에 충분한 주의를 요한다. 그리고 인터넷을 통해서 알게 된 사람과 어떤 문제가 발생했을 때, 함께 아는 사람이 없거나 관계를 설명하는 것이 어려워서 다른 사람에게 상담하기 어려운 것도 걱정스러운 점이다. 인터넷을 사용할 때는 자신의 정보를 너무 많이 드러내지 않는 것과 인터넷으로 알게 된 상대와 바로 일대일로 만나지 않는 것, 그 외에도 어려움을 겪었을 때 상담할 수 있는 장소나 상대를 찾아보는 것이 중요하다.

아이들의 성 정체성 고민, 어떻게 대응할까

찾아보면 만남이나 교류를 위한 각종 성소수자 모임이나 이벤트가 많다. 처음에는 비교적 큰 단체가 개최하는 행사나 홈페이지 등에서 개최 상황을 확인할 수 있고 지속적으로 모임이 열리는 곳에 참가하는 것이 좋다. 같은 성소수자라고 하더라도 성격이나 취향은 사람에 따라 다르다. 여러 장소 중에서 자신에게는 어떤 곳이 맞을지 알아보고 참가하도록 한다.

그리고 그렇게 모임에 참가했을 때는 인터넷상에서의 교류와 마찬가지로 서둘러 거리를 너무 좁히지 않는 것이 좋다. 본명은 말하지 않고 닉네임을 사용하거나 잘 알지 못하는 사람에게는 살고 있는 장소나 학교 이름, 연락처를 알리지 않는 등, 개인정보 취급에 주의해야 한다. 그리고 그런 모임에는 어른 스태프가 있으므로 곤란한 일이 있으면 그들에게 상담한다.

처음 참가할 때는 긴장도 되고 마음을 터놓기까지는 시간이 걸릴 것이다. 하지만 한 번에 같은 섹슈얼리티인 사람을 여러 명 만나는 일은 사람들 개개인의 다양함을 경험할 수 있는 기회이기도 하다.

같은 섹슈얼리티인지 어떤지를 떠나서 자신에 대해서 이야기할 수 있는 장소나 상대가 있는 것은 중요하다. 가까이에 그런 장소가 없고, 바로 그런 장소에 가는 것은 무섭다고 생각하는 경우에는 전화상담 등을 이용하는 방법도 있다.

● 섹슈얼리티는 그 사람의 전부가 아니다

같은 섹슈얼리티라고 해도 사고방식이나 가치관은 다양하다. 사람을 만나보면 공감이나 납득을 할 수 있는 부분도 있을 것이고, 자신과 다른 점을 발견하기도 할 것이다. 그것은 일상생활 중에 만나는 사람들이 다양한 것과 마찬가지이다. 섹슈얼리티는 그 사람을 구성하는 중요한 요소 중 하나지만 그 사람의 전부는 아니다.

　다른 사람을 알아가는 것을 통해서 자신에 대해 다시 생각해 보거나 자신에 대해 새롭게 알아가는 계기가 될지도 모른다. 서두르지 말고 천천히 시간을 들여서 여러 정보나 사람을 접하면서 생각해 보아야 한다.

커밍아웃

● 커밍아웃의 장점과 단점

자신의 섹슈얼리티를 다른 사람에게 알리는 것을 '커밍아웃'이라고 한다.

커밍아웃은 주위와의 관계를 새롭게 만드는 계기가 되기도 하지만, 그것을 통해 상대가 나에 대해 더 깊게 알 수 있는 기회가 될 수도 있다. 자신에 대해서 숨기지 않고 이야기하면 마음이 편안해지고 상대와 더 친해질 수도 있다. 또한 자신에 대해서 이야기할 때 필요 이상으로 신경을 쓰지 않아도 되고, 고민이나 힘든 부분을 상대에게 자세히 이야기하거나 상담할 수도 있다. 이는 커밍아웃의 장점이다.

한편, 단점도 있다. 상대가 거부 반응을 보이거나 이해를 못하는 것처럼 보이면 상처를 받을 수 있다. 그리고 자신도 모르는 사이에 다른 사람에게 알려져서 알리고 싶지 않은 사람에게까지 전해지거나 섹슈얼리티로 인해서 놀림을 당하거나 괴롭힘을 당할 수도 있다. 커밍아웃을 계기로 관계가 불편해지거나 관계를 이어가기 어려운 상황도 발생할 수 있다.

커밍아웃은 이러한 장점과 단점을 고려한 후에 당사자가 신중하게 정해야 한다. 즉 서둘러 결론을 내릴 필요는 없다.

단 성별에 위화감을 느끼는 트랜스젠더의 경우, 실제 생활 현장이 남녀로 구분돼 있기 때문에 느끼는 불편함을 조금이라도 자신이 편하게 지낼 수 있도록 조절을 요청하는 과정에서 커밍아웃이 필요할 수도 있다. 그런 연유로 자신이 어떤 점에서 곤란하고 괴로우며 힘든 경험을 하고 있는지, 그것을 어떻게 바꾸고 배려해주면 스트레스가 줄어들지, 그런 점도 포함해서 상대에게 전해두면 좋다. 학교생활에 관한 것이라면 말하기 편한 선생님과 상담해 보도록 한다.

● 가족에게 커밍아웃 하기

커밍아웃 중에서도 특히 가족에게 하는 커밍아웃은 성소수자에게 있어서 어려운 문제다. 가족은 친근하고 가까운 존재이기 때문에 더욱더 '이해해 줄까', '어떤 반응이 돌아올까' 하고 불안해 하거나 고민하는 경우가 많다.

가족도 그 커밍아웃이 예상하지 못했던 상황인 경우는 충격을 받을 수도 있다. 그리고 그 사실을 받아들이기까지 조금 시간이 걸릴지도 모른다.

성소수자 본인뿐만 아니라 그 부모나 가족이 교류할 수 있는 모임이나 상담을 받을 수 있는 장소도 있다. 가족이 커밍아웃을 받아들이지 못하거나 비슷한 상황의 가족 이야기를 들어보고 싶은 경우에는 그런 장소를 이용해 보는 것도 좋다.

자신의 섹슈얼리티를 깨닫고 '나는 성소수자야'라는 게 확실해지면, 주위에 알리지 않고 있는 것을 '거짓말을 하는 것 같다', '감추고 있는 것 같다'라고 느낄 수도 있다.

하지만 커밍아웃을 반드시 할 필요는 없다. 안타깝게도 성소수자에 대한 이해가 부족한 사람들, 편견이 강한 사람들도 적지 않다. 그런 상황에서 커밍아웃을 하는 것은 자기 자신이 괴로운 상황으로 들어가는 것일 수도 있다.

현재 성소수자 중에는 자신에 관해서 이야기하는 상대를 같은 동료로 한정하고, 일상생활에서는 주위에 알리지 않고 생활하는 사람도 있는가 하면, 자신의 정체성을 밝히고 많은 사람에게 커밍아웃한 사람도 있다. 어느 쪽이든 정답은 없다. 자신이 지금의 생활에서 어느 쪽이 지내기 쉬운지, 어느 쪽이 자신에게 있어서 장점이 많은지를 생각해서 정해야 할 문제다.

또한 커밍아웃은 한 번 했다고 그것으로 끝나는 게 아니다. 처음에 제대로 전달이 되지 않았을 수도 있기에 몇 번에 걸쳐서 설명하거나 시간을 들여서 이야기하는 경우가 생긴다. 그럼으로써 서로를 더 잘 알 수 있게 되고 새로운 관계성을 만들어 갈 수 있을 것이다.

누군가 당신에게 커밍아웃을 한다면······

혹시 친구가 당신에게 커밍아웃을 했다면, 그 사람이 나에게 '중요한 사실'을 말해줬다고 생각하세요. 혹시 대화 중에 나온 말이나 내용에 모르는 게 있으면 그 친구에게 물어보세요. 그리고 당신에게 말해 준 것을 다른 사람에게는 알리고 싶지 않을 수도 있으니 다른 사람에게 말해도 되는지 여부는 이야기를 해준 친구에게 직접 물어보는 것이 좋아요.

이야기를 해준 친구가 혹시 그것 때문에 심각하게 고민하거나 어떤 문제에 휘말려 곤란해 하고 있다면, 걱정하고 있다는 마음을 전하고 신뢰할 수 있는 어른에게 같이 상담하러 가는 것을 고려해야 해요.

커밍아웃 경험담

- 친구라고 믿었던 사람한테 커밍아웃을 했다가 멀어지기도 했어요. (게이/55쪽)
- 어머니는 "(여학교만 다녀서) 남자를 몰라서 그래."라고 하셨어요. (레즈비언/58쪽)
- 어머니는 "어쩐지 그럴지도 모르겠다고 생각했었어."라고 하시더라고요. (FtM/62쪽)
- 담임 선생님께 커밍아웃을 했는데, "지금까지 눈치도 못 채고 상처 주는 말을 했을지도 모르겠네. 미안해." 하고 말씀해 주셨어요.(게이/67쪽)

아이들의 성 정체성 고민, 어떻게 대응할까

장래

나의 10년 후나 20년 후는 어떨까? 10대 때는 장래에 관해서 고민하거나 불안해 하는 일이 많을 것이다. 특히 성소수자인 아동·청소년은 가까이에 '자신과 같은 섹슈얼리티를 가진 어른이 있는' 경우는 적기 때문에 미래가 보이지 않아서 불안한 마음이 강해지기도 한다.

'나 같은 사람이 정말 또 있을까?', '동성이 좋은데, 애인·파트너가 될 사람과 만날 수 있을까?', '태어났을 때의 성별과는 다른 성별로 일을 하거나 생활을 하고 싶은데 가족이나 주변 사람들은 이해해 줄까?', '친구나 가족에게 커밍아웃을 하면 거부 당하거나 그 사람들을 슬프게 만드는 건 아닐까?' 등 의문이나 고민이 끊이지 않을지도 모른다.

● '없는' 게 아니라 '보이지 않는' 것일 뿐

당신의 주변에는 성소수자인 어른이 없을지도 모른다. 하지만 그것은 없는 게 아니라 보이지 않는 것일 뿐이다.

아직 자신의 섹슈얼리티를 주위에 커밍아웃하고 생활하는 사람이 적은 것이 현실이다. 하지만 성소수자도 어른이 되고, 일을 하고, 자기 나름대로 만족스러운 인생을 보내고 있는 사람도 많다. 다른 사람들보다 고민이나 생각이 많을지도 모르지만, 자신의 섹슈얼리티를 마주하면서 자기다운 인생을 만들어가고 있다.

혼자 고민하거나 그 고민을 마음에 품고 있을 때는 괴로울지도 모른다. 하지만 분명 당신의 마음을 함께 나눌 수 있는 동료나 어른이 주변에 있다는 것을 알아야 한다.

아이들의 성 정체성 고민, 어떻게 대응할까

성별정체성장애 치료

답변 : 나카쓰카 미키야

오카야마대학대학원 보건학연구과 교수/ 오카야마대학 젠더클리닉 의사/
GID(성별정체성장애) 학회 이사장

Q. 성별정체성장애 진단은 어떻게 이루어지나요?

성별정체성장애는 신체의 성과 성별정체성 등이 일치하지 않는 상태로,
자신의 신체가 자신의 것이 아닌 것 같은 감각(성별위화감)을 느낍니다. 성
별정체성장애는 신체의 성은 여성, 성별정체성은 남성인 FtM과 신체의 성
은 남성 성별정체성은 여성인 MtF로 나뉩니다.

신체의 성별은 의사가 진찰을 통해, 신체의 특징이 '음경이나 고환이 있
는 남성형'인지 '자궁이나 난소가 있는 여성형'인지, 그리고 혈액 검사로 성
염색체가 XY(남성형)인지 XX(여성형)인지, 남성 호르몬이 높은지 여성 호
르몬이 높은지 등을 확인해서 종합적으로 판단합니다.

성별정체성은 '자신은 남자다', '자신은 여자다' 같은 의식으로 주위의 사
람들과 관계를 맺으면서 명확해집니다. 또한 성별은 누군가를 좋아하게
될 때 특별히 강하게 자각하게 됩니다. 사람을 좋아하게 되는 것, 사귀고 싶
다고 생각하는 것(성적지향)에는 여러 경우가 있습니다. 더욱이 성별은 사
회적인 역할(성역할)을 수행할 때도 강하게 자각하게 됩니다. 학교에서 여
학생으로서, 남학생으로서 활동하는 것도 성별을 자각하게 만듭니다.

다만 성별정체성장애라는 진단을 내리는 데 있어서 남성을 좋아하는지,
여성을 좋아하는지, 아니면 어떤 성역할을 하면서 살고 있는지는 고려하

지 않습니다.

　성별정체성장애도 동성애도, 그것을 다른 이가 무리하게 바꾸려 하거나 자신이 바꾸려고 하면 자신의 본질을 부정하는 것이 되어서 자연스럽게 살아가는 것이 힘들어집니다.

Q. 성별정체성장애를 겪는 사람이 성별위화감을 느끼기 시작하는 것은 언제쯤인가요?

오카야마대학 젠더클리닉에서 진찰을 받은 성별정체성장애 당사자 1,167명을 대상으로 살펴보면, 성별위화감은 유년기부터 시작되는 경우가 많으며, 약 90퍼센트가 중학생 이전에 자각하고 있었습니다. 특히 FtM 당사자는 초등학교에 입학했을 때 70퍼센트가 이미 성별위화감을 느끼고 있었습니다.

　사춘기 신체의 변화(2차 성징)를 겪기 전에 성별위화감을 겪은 아이 중에서 최종적으로 성별정체성장애라고 진단 받은 사람은 10~20퍼센트 정도입니다. 이것은 그후 성별위화감을 그다지 느끼지 않게 되었거나 사라진

표 1. 성별위화감을 자각하기 시작한 시기

	전체 사례(1,167명)	MtF(431명)	FtM(736명)
초등학교 입학 이전	660 (56.6%)	145 (33.6%)	515 (70.0%)
초등학교 저학년	158 (13.5%)	67 (15.5%)	91 (12.4%)
초등학교 고학년	115 (9.9%)	56 (13.0%)	59 (8.0%)
중학생	113 (9.7%)	74 (17.2%)	39 (5.3%)
고등학교 이후	92 (7.9%)	77 (17.9%)	15 (2.0%)
알 수 없음	29 (2.5%)	12 (2.8%)	17 (2.3%)

　아이들의 성 정체성 고민, 어떻게 대응할까

경우와 최종적으로 동성애자였음을 알게 된 경우도 있었기 때문입니다. 하지만 그렇다고 한다면 성인 추계보다도 많은 아이가(후에 가벼워진 경우도 포함해서) 성에 관한 위화감으로 고민하면서 지내고 있을 가능성이 높음을 알 수 있습니다.

Q. 호르몬 치료나 수술은 몇 살 때부터 받을 수 있나요?

성별정체성장애라고 진단 받고 본인이나 주위의 상황이 준비가 되면 18세부터 남성 호르몬 또는 여성 호르몬을 통한 치료가 가능하고, FtM 당사자는 유방절제술이 가능합니다. 그리고 그후 '원하는 성으로 생활하는 것(Real Life Experience: RLE)'에 별 문제가 없으면, 20세부터 성기 수술(성전환수술, Sex Reassignment Surgery: SRS)을 받을 수 있습니다.

12세경(개인차에 따라서 9~14세)이 되면 신체의 변화(2차 성징)가 시작됩니다. 그 때문에 성별위화감이 강해진 경우, 가족의 동의와 협력을 얻으면 신체의 변화를 일시적으로 멈추는 2차 성징 억제요법을 실시할 수 있습니다. 그후 시간을 들여서 신중하게 진단을 실시하여 성별정체성장애라고 확정이 되면 남성 호르몬이나 여성 호르몬 치료를 진행합니다.

2차 성징 억제요법은 FtM인 학생이 생리 때마다 괴로워하거나 학교에 가지 못하는 것, MtF인 학생이 수염이 나거나 목소리가 굵어지는 등 되돌릴 수 없는 신체의 변화가 일어나는 것을 방지해 줍니다.

2차 성징 억제요법을 실시하지 않은 경우도 젠더클리닉 전문의가 일정 시간 동안 신중히 관찰해서 성별정체성장애로 진단한 경우에는 15세부터 호르몬 요법이 가능합니다.

Q. 상담을 받아야 하나요?

그 사람의 사고방식을 바꾸려고 하는 것과 같은 잘못된 상담은 유해합니다. 하지만 자신의 마음이 정리되지 않거나 흔들릴 때는 성별정체성장애에 대해 적절한 지식을 가지고 있는 사람과 이야기해 보는 것이 좋습니다.

학교 안에서 여러모로 곤란한 일이 생기거나 미래가 불안하게 느껴질지도 모릅니다. 그럴 때는 안심할 수 있는 누군가에게 상담하고 싶기 마련입니다. 그 상대는 학교 선생님이나 가족일지도 모르고, 같은 고민을 가졌거나 그것을 극복한 동료일지도 모릅니다.

안타깝게도 성별정체성장애의 전문지식을 가지고 있는 사람은 아직 그렇게 많지 않습니다. 그렇기 때문에 때로는 잘못된 정보나 한쪽으로 치우친 사고방식을 가진 사람에게 상담하는 일이 생길 수도 있습니다.

그러므로 진단이나 치료에 관한 것은 반드시 의학적인 지식을 가진 사람에게 상담하고, 전문의료시설인 전국의 젠더클리닉이나 그 관련 병원을 알아두는 것이 좋습니다. 그리고 그곳의 힘을 빌려서 성별정체성장애에 관한 적절한 지식을 가지고 이해하는 사람을 주변에 늘려 나가기를 바랍니다.

Q. 호르몬 치료는 어떤 부작용이 있나요?

내복용 호르몬제는 사용하기 편하지만 혈관이 막히거나(혈전증), 간의 기능이 나빠지기 쉽기 때문에 근육 주사나 패치형 약을 선택하는 경우도 있습니다. 치료가 시작되면 정기적으로 체중과 혈압을 측정하고 혈액검사를 통해 부작용을 체크합니다.

개인이 호르몬제를 수입하는 등 개인의 판단으로 복용을 시작하는 것은 위험합니다. 너무 많은 양을 복용하거나 약에 유해한 성분이 포함돼 있기도 해서 생명의 위험을 초래하는 커다란 부작용이 발생할 수도 있습니다.

또한 진단을 받지 않고 그때의 기분으로 호르몬 치료를 시작하면 나중에 후회하더라도 신체의 변화를 원래대로 되돌릴 수 없는 경우도 있습니다.

전문 시설에서는 약의 종류, 통원 거리, 비용 등에 관한 상담을 받을 수 있습니다.

병원이라고 해도 자세히 이야기를 들어주지 않거나 바로 호르몬 요법을 시작하거나 부작용 체크를 위한 혈액검사를 하지 않는 경우는 위험합니다. 잘못된 치료 때문에 심각한 부작용을 겪거나 사망을 하는 예도 있으므로 주의해야 합니다.

학교 현장의
선생님에게 제안

학교 현장에서
섹슈얼리티 다양성에 관한 대응

최근 섹슈얼리티의 다양성에 관한 사회적 관심이 높아져 미디어에서 다루는 일이 많아졌다. 섹슈얼리티 문제는 학생들의 자존감과도 관련이 있으므로 학교 현장에 있어서도 그 다양성에 알맞은 체제를 갖춰서 섹슈얼리티의 다양성에 관해 배우는 기회를 만드는 것이 중요하다.

이 장에서는 학교에서의 섹슈얼리티 교육에 관해 연구해 온 보건 교사로서 수업 교안 등을 제안하고자 한다.

● 일본 교육에 있어서의 섹슈얼리티 다양성 다루기

2012년 정부는 자살 위험성이 높은 층 중 하나로 '성소수자'를 발표하면서 '교사들의 이해를 촉진한다'고 했다.

하지만 2015년 학습지도요령 안에 '섹슈얼리티의 다양성에 관하여' 기술한 내용은 없었다. 학습지도요령에는 '이성에게 관심이 생긴다(초등학교)', '남녀는 서로 이성에 대해 제대로 이해하여 상대의 인격을 존중한다(중학교)', '이성을 존중하는 태도가 필요하다(고등학교)', '남녀가 협력하여 가정을 이루는 것의 중요성(고등학교)' 등 남녀 이원론에 따라서 정해진 학습 내용이 많다. 생활의 대부분을 보내는 학교라는 사회에서 섹슈얼리티의 다양성에 관해 언급하지 않고, 세상에는 남녀 이성애자밖에 없으며 '보통'은 연애나 결혼을 하는 법이라고 가르치는 것은, 성소수자 아동·청소년에게 있어서 '없는 사람' 취급을 당하는 것과 마찬가지 아닐까 한다.

히다카가 교사 약 6,000명을 대상으로 실시한 조사(2011~2013)에 따르면 동성애자에 대해서는 63%, 성별정체성장애에 대해서는 73%의 교사가 '가르칠 필요가 있다'라고 답했으나, 실제 수업에서 다룬 적이 있다는 답변은 14%였다. 이를 통해서 성의 다양성에 관해 아이들에게 가르칠 필요성을 느끼면서도 학습지도요령에 정해져 있지 않기 때문에 어떻게 가르쳐야 좋을지 모르는 선생님들이 많다는 것을 알 수 있다.

● 세계의 섹슈얼리티 교육

세계로 눈을 돌려 보면, 섹슈얼리티나 가치관의 다양성도 포함해서 체계적인 성교육이 이루어지고 있는 나라들이 있다. 특히 유럽 각국에서는 유럽세계보건기구(WHO/EUR)와 독일연방건강계몽센터(BZgA)가 공동으로 발행한 「유럽에서의 섹슈얼리티 교육 표준(Standards for Sexuality Education in Europe)」(2010)이 커리큘럼의 갱신과 교사 연수 등에 도움이 되고 있으며, 이를 통해 섹슈얼리티 교육의 충실을 기하고

아이들의 성 정체성 고민, 어떻게 대응할까

표 1. 유럽 섹슈얼리티 교육이 목표로 하는 성과

1	섹슈얼리티나 다양한 가치관·살아가는 방식을 존중하는 사회를 실현하는 데 공헌할 수 있다.
2	성의 다양성과 젠더의 차이를 존중하고 성적자기결정권과 젠더 역할의식을 인식할 수 있다.
3	자신과 파트너에 대해 이해와 정보에 근거한 책임 있는 의사 결정·행동을 선택할 수 있다.
4	성에 관해서, 인간의 신체와 그 발달·기능에 대한 과학적인 지식을 이해할 수 있다.
5	감정이나 자신이 필요로 하는 것을 표현할 수 있고, 긍정적으로 성적자기결정권, 젠더 역할의식을 발달시킬 수 있다.
6	섹슈얼리티나 피임을 시작으로 성에 관한 여러 상황에 대해서 적절한 정보를 배우고 익힐 수 있다.
7	성이나 인간관계의 모든 측면에 대처하는 데 필요한 삶의 기술을 획득할 수 있다.
8	성에 관한 문제나 의문이 생겼을 때 스스로 상담이나 의료 서비스 지원을 받을 수 있다.
9	비판적 태도를 발달시키기 위해서 성이나 다양한 규범·가치관을 인권의 관점에서 생각할 수 있다.
10	상호 이해에 기반하여 개인의 경계를 존중하는 대등한 (성적) 인간관계를 만들 수 있다.
11	섹슈얼리티·정서·인간관계에 관해서 이야기를 나눌 수 있으며, 그에 필요한 언어를 얻을 수 있다.

'Standards for Sexuality Education in Europe'에서 발췌

있다.

유럽 섹슈얼리티 교육이 목표로 하는 성과는 표 1로 정리할 수 있다. 자신과 타인의 존중, 성과 가치관의 다양성 존중 등 인권과 섹슈얼리티에 대한 긍정적인 사고방식이 바탕이 되어 있는 것이 특징이다.

나아가 연령과 발달에 맞는 교육 내용을 전개하기 때문에 출생부터 사춘기까지를 6개의 단계(0~4세, 4~6세, 6~9세, 9~12세, 12~15세, 15세 이상)로 나누어, 8개의 주요 테마(① 인간의 신체와 성장발달 ② 수정과 생식 ③ 섹슈얼리티 ④ 감정 ⑤ 인간관계와 삶의 방식 ⑥ 섹슈얼리티와 건강 ⑦ 섹슈얼리티

와 인권 ⑧ 섹슈얼리티의 사회·문화적 결정 요소(가치관·규범)에 관해서, 각 단계의 아동·청소년이 익혀야 할 지식·기술·태도를 구체적으로 나타내고 있다.(표2)

나아가 2009년에는 유네스코(국제연합교육과학문화기구)가 「국제 성교육 실전 가이던스」를 작성하여 9개 국어로 발표함으로써, 중국, 대만 등 아시아의 여러 나라에도 그 영향을 미쳐 세계의 성교육은 한층 내용이 알차고 단단해졌다.

● 일본 성교육

일본에서는 독자적인 성교육 학습지도요강은 없고, 체육·보건·이과·가정과·특별활동 등 관련 교과에서 횡단적으로 학교 교육 전체를 통해 다루도록 하고 있다.

학교에서 하는 성교육은 아동·청소년 등의 인격 완성과 여유로운 인간 형성을 궁극의 목표로 한다. 인간의 성을 인격의 기본으로 이해하여 생리적인 측면·심리적인 측면·사회적인 측면 등에서 통합적으로 파악하고 과학적 지식을 전한다. 이와 함께 아동·청소년이 생명존중·인간존중·남녀평등의 정신에 기반한 올바른 이성관을 확립하도록 하여, 스스로 생각하고 판단해서 의사결정을 하는 능력을 익히고 바람직한 행동을 하도록 하는 것이다. 이 경우 인간존중·남녀평등의 정신은 학교 전체 교육 활동을 통해서 철저히 계획되어야 하지만, 인간의 생명과 남녀 본연의 모습, 삶의 태도 등을 직접 다루는 성교육은 특히 중요하며, 성교육의 기본 목표 각각을 관통

아이들의 성 정체성 고민, 어떻게 대응할까

표 2. 단계별로 익혀야 할 성의 다양성에 관한 지식·기술·태도

	③ 섹슈얼리티	⑤ 인간관계와 삶의 방식
0~4세	• 다정함과 신체의 접촉은 애정표현이다. • 자신의 신체에 닿는 즐거움·쾌감을 안다. • 자신의 성의식을 깨닫는다. • 자신의 신체에 있어서 기분이 좋은 것을 표현할 수 있다. • 자신의 신체에 대해 긍정적인 이미지를 가진다.	• 다양한 가족의 형태가 있는 것에 대한 긍정적인 태도 • 자신의 가족 관계에 대해 이야기할 수 있다. • 친밀함과 신뢰 감정의 획득 • 인간관계는 다양하다는 것을 깨달음
4~6세	• 자신의 신체와 생식기를 발견한다. • 성에 관해 말할 수 있다. (커뮤니케이션 기술) • 성별정체성을 더욱 명확하게 한다.	• 인간관계를 맺고 유지하는 것 • 가족이나 친구와 적절하게 사귀는 방법 • 다양성을 받아들인다. • 우정, 동성과의 관계
6~9세	• 애정, 다정함에 대해서 안다. • 자신 및 타인의 사생활을 존중할 수 있다. • 미디어에서의 성 • 수용할 수 있는 성의 모습(상호 합의가 있으며 평등하고, 연령이나 상황에 적합하며 자신을 존중한다)에 대해서 이해	• 애정과 우정에 관련한 다양한 인간관계를 알고, 친구관계를 맺을 수 있다. • 인간관계 안에서 자기 자신을 표현한다. • 타협하거나 인내하고 배려하는 모습을 보여줄 수 있다. • 인간관계의 기본으로서 약속이나 책임·정직함·타인 존중의 태도
9~12세	• 성적지향에 대해서 안다. • 첫 성적 체험에 대해서 안다. • 청소년의 성행동(성적 행동의 변화) • 일치하지 않는 성적 감정에 대해서 적절한 방법으로 이야기를 나누고 이해한다. • 성행동에 대한 자신의 행동 선택 • 원하지 않는 성행동을 거절하는 기술 • 성에 관한 가치관과 성적지향의 다양성을 존중한다.	• 우정이나 애정 표현(애정 표현이나 파트너십에는 다양한 형태가 있는 것)을 안다. • 마음 편한 관계와 불평등하고 불쾌한 관계 • 젠더 평등과 파트너를 선택하는 자유에 대한 긍정적인 태도
12~15세	• 성의 자각과 젠더의 차이에 대해 기대되는 행동과 역할 기대를 깨닫는다. • 친밀한 커뮤니케이션과 교섭의 기술을 갈고 닦는다. • 섹슈얼리티를 학습 과정으로 이해한다. • 성별정체성과 성적지향(커밍아웃)	• 연령·젠더·종교·문화의 영향을 이해한다. • 불공평·차별·불평등에 맞선다. • 평등하고 만족스러운 관계성을 바라는 태도
15세 이상	• 연령과 성별, 환자와 장애인 등 다양한 입장에서의 성행위의 의미, 단순히 성교만을 의미하지 않는다. • 대가로서의 성행위(매춘, 포르노 등) • 성행위를 하는 이유, 하지 않는 이유를 이야기할 수 있다. • 성적지향을 고백할 수 있다. • 성을 기쁘게 생각하는 긍정적인 태도	• 젠더 역할을 의식함으로써 기대되는 행동·역할·오해 등을 안다. • 불공평·차별·불평등에 맞선다. • 다른 관계성과 생활 방식에 대한 관용적인 태도

'Standards for Sexuality Education in Europe'에서 발췌

하는 정신으로서 인식되어야 한다.

이와 같이 훌륭한 이념이 토대가 되어 있는 일본 성교육이지만 실제로 어떤 내용을 어느 정도의 시간을 들여서 실시할지는 각 학교에 맡기고 있는 것이 현실이다.

2005년에 문부과학성이 전체 의무교육학교를 대상으로 실시한 전국조사에서는 성교육 수업계획을 작성한 학교가 67%, 성교육에 관한 교내위원회가 설치된 학교는 31%였다. 또한 2007년에 하시모토 등이 전국에 있는 중학교를 대상으로 한 조사•에서는 성교육에 할당하는 시간이 연간 평균 3시간이었다.

그렇게 한정된 시간에 다룬 테마는 「사춘기 신체변화」, 「임신과 출산」, 「성감염증」이 주를 이루었고, 「성의 다양성」에 대해서 다룬 학교는 10% 이하였다.

애초에 성교육은 교사가 되기 위해서 필수로 이수해야 하는 항목은 아니기 때문에 교사라고 해도 성교육을 체계적으로 배운 사람은 거의 없다. 교사가 되어서 학교 현장에 나간 후에 성적인 것에 관련된 놀림이나 괴롭힘, 예정에 없던 임신이나 성감염증, 성피해 등 성 문제로 크게 인생이 좌우되는 아동·청소년을 직면하고 나서야 비로소 공부를 시작해서 실전을 쌓아가는 실정이다.

앞서 언급한 가이드라인이 나온 직후인 2000년대에는 '과한 성교육'이라는 비판이 있어, 각 학교의 실천에 억압적인 영향을 줬다고 할

• 「일본 중학교에서의 성교육 현실과 과제」 하시모토 노리코 외(2012)

아이들의 성 정체성 고민, 어떻게 대응할까

수 있다. 그 이후 초등학교에서는 성기의 명칭이나 수정 과정을 다루지 않는 등 과학적인 지식 전달에 제한이 강해져, 선진국에 비해 아동·청소년이 학교에서 배우는 성에 관한 내용이 매우 한정적인 측면이 있다.

'과한 성교육'이라는 비판 후에 중앙교육심의회에서 논의한 아래의 세 가지 내용을 근거로 다양한 배움이 가능할 수 있었다고 생각된다.

- 교직원의 공통적인 이해를 도모함과 함께, 아동·청소년의 발달단계(수용능력)를 충분히 고려하는 것이 중요하다.
- 보호자나 지역의 이해를 충분히 얻는 것이 중요하다.
- 집단지도 내용과 개별지도 내용의 구별을 명확하게 한다.

섹슈얼리티 다양성을
이해하기 위한 학교 전체의 노력

성소수자 아동·청소년은 '없는 사람' 취급을 당하는 고독감과 '호모'나 '변태' 등의 언어로 비웃음을 당하는 환경, 직접적인 괴롭힘, 자신의 장래에 대한 불안 등 때문에 억울함을 느끼거나 등교거부 등 여러 심리적·사회적 문제를 겪기 쉽다고 알려져 있다.

성소수자 아동·청소년이 안심하고 자신의 힘을 발휘할 수 있는 학교 환경을 갖추기 위해서는, 우선 '성의 다양성을 긍정적으로 받아들이는 학교'가 되는 것이 중요하다. 그러기 위해서는 교사가 성의 다양성을 이해하는 것은 물론, 학교 전체에서 아이들에게 '섹슈얼리티 교육'을 추진하는 것이 중요하다. 그렇게 하는 것이 학생들 간의 좋은 인간 관계와 아동·청소년과 교사의 신뢰 관계를 쌓는 토대가 될 수 있다.

● 성교육에서 섹슈얼리티 교육으로의 전환

'섹슈얼리티'란 성적인 것을 포괄적으로 표현하는 개념으로, WHO에서는 '생애를 통해 인간의 중심적 측면을 이루고, 섹스(생물학적 성), 젠더 아이덴티티(성별정체성)와 성역할, 성적지향, 에로티시즘, 기쁨, 친밀함, 생식이 포함된다'(성의건강세계학회 역)로 정의한다.

즉, 성교육은 건강교육임과 동시에 교육의 궁극적 목적인 '인격의 완성'(교육기본법)에 크게 관계된 중요한 교육의 하나라고 할 수 있다. '성교육'이라고 하면 생리적 측면만 연상하기 쉽지만, '섹슈얼리티 교육'으로 전개함으로써 인권과 다양성 존중의 측면으로도 접근할 수 있지 않을까. 그리고 인권문제로서 성소수자, 즉 개인의 성적지향이나 성별정체성에 주목되고 있는 지금이야말로 섹슈얼리티 교육을 진행할 기회이다.

섹슈얼리티에 대해서 가르칠 때는 성소수자 아동·청소년만이 아니라 모든 아동·청소년이 자신 본연의 모습·삶의 방식에 대해 생각하고, 다양성을 서로 존중하면서 타인과 더욱 좋은 관계를 만들어가는 것을 목표로 해야 한다.

즉, 다양성을 존중할 수 있는 태도와 관계성을 구축할 수 있는 능력의 육성이 앞으로의 사회에서 요구되는 테마라고 볼 수 있다.

● 섹슈얼리티 교육의 실천

'다양성'을 배울 기회를 만드는 것은 성소수자 아동·청소년이 생활하기 쉽고, 또한 어떤 문제가 발생했을 때 상담하기 쉬운 환경을 만드는 것으로도 이어진다. 그렇기 때문에 성소수자 아동·청소년이 있는 것을 확인한 이후가 아닌, 아이들이 배워야 할 최소한의 내용으로 자리매김하는 것이 중요하다.

하지만 연간 실시되는 성교육 시간이 충분하지 못한 상황에서는 생물학적인 성 지식에서 인간 본연의 모습·삶의 방식까지 파고드는 수업을 전개하는 것은 어렵기 때문에, 국어나 사회, 영어 같은 각 교과의 제재(題材)나 HR 활동으로 성의 다양성과 인권에 관한 주제를 다루는 등의 연구를 할 수 있었으면 한다.

● 성의 다양성에 대한 이해를 깊게 만드는 수업의 방법

최근에는 성소수자 당사자가 출장 수업을 담당할 기회가 늘어났다. 이런 수업의 목적은 '성소수자의 존재를 이해한다'라는 것보다, ① 성소수자도 포함한 성의 다양성과 가치관의 다양성을 이해하고 ② 타인과 공생을 목표로 하는 집단과 사회 본연의 모습을 생각하여 그것을 통해서 ③ 자기 이해를 심화시키는 것이라고 할 수 있다.

성의 다양성에 대해서 이해하고 개개인이 존중 받는 사회의 모습에 대해서 생각하는 것은 '있는 그대로의 자신으로 괜찮다'라는 자기를 존중하는 것으로도 이어질 수 있다.

권말 자료에 필자가 실시한 현립고등학교에서의 섹슈얼리티 수업의 실천 사례를 소개했다. 이것은 보건 교사가 중심이 되어서 학년 전체에 실시하고 있는 2시간 수업이며 다음과 같은 흐름으로 구성되어

아이들의 성 정체성 고민, 어떻게 대응할까

있다.

1차시 섹슈얼리티에 관해서 이해한다 (담당: 보건 교사)

① 섹슈얼리티의 다양성에 대해 이해한다

② 개인의 섹슈얼리티는 기본적 인권으로서 존중되어야 함을 안다

③ 섹슈얼리티는 문화나 종교, 그 사회의 규범 등에 영향을 받아 세계 각국에서 여러 사고방식이 존재하는 것을 안다

④ 성소수자 당사자의 이야기를 듣는다

⑤ 어떤 사회가 바람직한가에 대해서 자신의 의견을 가진다

2차시 자신의 섹슈얼리티를 안다 (담당: 학급 담임)

① 익숙한 연애관을 가지고 이야기를 나누면서 각자 소중하게 생각하는 것이 다르다는 것을 깨닫는다(전체 과제)

② 자신의 섹슈얼리티를 소중하게 여기면서 타인의 섹슈얼리티도 존중하는 관계성에 대해서 생각한다(그룹 과제)

③ 다시 한번 자신이 타인과의 관계성에서 중요하게 여기는 점을 생각한다

※ 자세한 사항은 162~171쪽 참고.

이 수업을 실시하기 위해서는 계획 단계부터 학년 모임 등에서 목적이나 방법을 이야기하고, 학생들의 실태에 맞춰서 계획을 세우는 게 좋다. 학급 담임이 실시하는 2차시 수업에서는 수업 시나리오를 예시로 만들어 담임의 불안이나 부담을 경감시켜 주는 것도 좋다.

성의 다양성이라는 예민한 주제를 다루는 것에 처음에는 주저하는 교사도 있겠지만, 실제로 수업을 실시한 선생님들은 학생과의 관계성이 깊어진 것을 느꼈다는 등 하기를 잘했다는 감상을 전했다.

Point 1

'보이지 않는 커리큘럼' 을 찾아내자

학교에서 배우는 것은 교과서에 나와 있는 내용만은 아니다. 아이들 간의 관계나 교사와의 일상적인 대화 안에서 무의식적으로 배우는 것이 많다. 그것을 '보이지 않는 커리큘럼'이라고 말한다.* 성소수자에 관한 보이지 않는 커리큘럼, 예를 들면 '호모나 변태라는 말을 웃음의 소재로 쓴다' 같은 것이다. 소위 '여성스럽다'고 일컫는 특징을 가진 남성을 '변태' 같다고 하면서 비웃거나 동성끼리 사이가 좋은 걸 보면서 '너희들 호모(레즈) 같아'라고 하고 웃으면, 그런 말을 들은 아이뿐만 아니라 그 주위에 있는 아이들도 '변태'나 '호모'는 멸시의 대상이 된다거나 웃어도 되는 존재라고 학습한다. 특히 말한 사람이 교사라면 아이들은 의심도 없이 학습을 할 것이다.

그런 보이지 않는 커리큘럼에 의한 '선입관'의 존재를 알아차리고 돌이켜 생각해보는 것이 중요하다. 역으로 '자신도 포함해서 섹슈얼리티는 다양한 것이다', '그것을 멸시하는 태도는 매너가 아니다'라는 보이지 않는 커리큘럼을 정착시키는 것을 목표로 했으면 한다.

＊Philip W.Jackson, "Life In Classrooms", (1968)

● 성소수자 학생이 생활하기 좋은 환경 만들기

트랜스젠더 학생들이 생활하는 데 어려움을 느끼는 것은 교복이나 화장실, 숙박을 하는 행사 등 생물학적인 성별에 크게 영향을 받을 때이다.

이렇게 생활에서 느끼는 어려운 점에 대한 개별 대응은 뒤에서(116~쪽 참고) 자세히 이야기하겠지만, 학교 전체의 환경조정으로는 남녀 구별이 별로 없는 교복을 지정하거나 누구나 사용할 수 있는 성중립 화장실(모두를 위한 화장실로 부르기도 한다)을 설치하는 게 이상적이다.

또한 건강진단이나 숙박을 하는 행사 등의 경우는 성소수자에 한정하지 않고 '걱정스러운 사람, 배려가 필요한 사람은 상담하세요'라고 모두에게 공지하여 누구나 도움을 요청할 수 있도록 한다.

● 상담하기 좋은 환경 만들기

개별 지원에 들어가는 통로로는 보건실이 알맞다고 생각한다. 보건실은 몸이 안 좋을 때 가는 곳으로, 주위의 눈을 신경 쓰지 않고 교사와 1대 1로 이야기를 할 수 있는 기회를 만들 수 있기 때문이다.

'보건실이라면 섹슈얼리티 상담을 할 수 있을 것 같아'라는 생각이 들게 하기 위해서 보건실 앞의 복도에 계몽용 포스터를 붙이거나 책장에 성소수자 관련 책이 보이도록 배치하면 좋다. 성소수자를 상징하는 무지개색(41쪽 참고)을 슬며시 걸어두는 것도 한 방법이다.

물론 보건 교사에게는 최소한의 성소수자에 관한 지식이 필요하다. 상담이 들어왔을 때의 첫 대응에 대해서 상담교사 등의 전문가와 함께 사전에 확인해 두는 것도 도움이 될 것이다.

상담할 때의 주의점

섹슈얼리티 상담을 할 때는 우선 아동·청소년의 이야기를 잘 듣는 것이 무엇보다 중요하다. 장소를 이동하거나 면담 중에는 문에 팻말을 거는 등 안심하고 이야기할 수 있는 공간을 확보하고, 용기내서 자신의 이야기를 하는 것에 대해서 고마움을 전하도록 한다.

당연한 거지만 '분명 일시적인 거야' 같이 당사자가 느끼는 불안이나 위화감을 부정하는 말이나, '그래? 너는 게이구나' 같은 틀에 박힌 말은 하지 말고 당사자의 감각을 소중히 여긴다.

다음으로 어떻게 이야기할 마음이 생겼는지, 무언가 곤란을 겪고 있는 일이 있는지를 확인한다. 보호자가 이 상황을 알고 있는지도 앞으로의 대응과 함께 학생의 정신 안정에 관련된 중요한 요소이므로 처음부터 확인해 두는 게 좋다.

이어서 교복이나 화장실 등에 관해 특별한 배려를 원하는 경우에는 (연계가 필요하기 때문에) 다른 교사에게 말해도 좋은지 아닌지, 보호자와 상담한 후에 이야기를 진행해도 좋은지 등을 당사자에게 허락을 구한다. (첫 상담에서 여기까지 구체적으로 이야기를 진행하면 오히려 당사자가 혼란을 느낄 수도 있으므로 상황을 봐 가면서 장기적으로 지원을 한다.)

최근에는 인터넷이 보급되어 성소수자끼리 만날 수 있는 온라인 커뮤니티도 많아졌지만, 개중에는 배타적이거나 성매매 목적이거나 곤란한 문제에 휘말려서 더 괴로운 상황에 빠질 수 있는 사례도 있기 때문에 신뢰할 수 있는 상담처를 사전에 알아두는 게 필요하다.

교사들 간
의식 통일의 중요성

학교 내에서 '호모나 변태' 같은 말로 웃음을 유도하는 경우가 있다. 그 장면을 당사자인 아동·청소년이 보면 자신도 웃음의 대상이 되지 않을까 하는 위기감을 느껴 마음을 닫게 된다.

이 시기에 긍정적인 정보를 얻는 것과 가까이에 상담할 상대가 있는 것은 자기긍정감을 높이기 위해서도 중요한 일이다.

● 교사들 의식조사

히다카가 후생노동과학연구의 일환으로 2011년~2013년에 전국 6개 자치단체의 교사를 대상으로 실시한 설문 조사에 따르면, 학교에서 LGBT를 다룰 필요가 있다고 생각하는 선생님은 전체의 60% 이상인 반면에 실제로 수업에서 다룬 적이 있는 선생님은 14%였다. 또한 양성기관에서 LGBT에 대해서 배운 적이 있는 선생님은 전체의 10% 이

하였다. 즉, 학교에서 필요성을 느끼면서도 선생님 자신이 배운 적이 없다는 게 밝혀진 것이다.

이 정보 부족을 채우기 위해서는 관리직이나 교사를 대상으로 한 연수를 실시하여 교사 간의 의식을 통일할 필요가 있다.

● 전국 각지에서 학교 현장을 향한 성소수자 계발 운동

2015년 4월에 문부과학성이 전국 교육위원회 앞으로 공문을 보냄으로써 각 지역의 교육위원회나 학교에서 성소수자를 이해하기 위한 연수가 개최되었다. 여기에서는 몇몇 지역의 계발자료 제작이나 배부 상황을 소개하려고 한다.

| 가나가와현 |

가나가와현 교육위원회는 학교 교육에서 이용할 수 있도록 다양한 주제를 담은 「인권학습 워크시트집」을 발행했다. 성소수자에 관해서는 고교편에서 2006년에 성별정체성장애를 다루었고, 초·중학교 편에서는 2014년에 처음 다루었다. 그리고 2015년 1월에는 교사들을 대상으로 리플릿을 작성하여 현립학교 전 교사들에게 배부했다. 2009년도부터 2011년도까지는 NPO 단체 SHIP과의 협동사업으로 NPO 단체가 제작한 DVD나 포스터 등을 중·고등학교에 배부했다.

요코하마시 교육위원회에서는 2014년에 NPO 단체 ReBit이 남녀공동참화센터 요코하마의 협력으로 제작한 「남·녀만 있는 건 아니야!」를 시립학교에 배부했다. 또한 요코하마시 교육문화연구소에서는

2015년에 교육정보지 「JAN」에 '특집: LGBT 성적 소수자'를 게재, 시립학교 전 교사에게 배부했다.

| 나라현 |

나라교직원조합과 시민그룹 '성과 생을 생각하는 모임'은 공동으로 「교사들을 위한 성소수자 서포트북」을 2010년에 작성하여 전 조합원과 나라현 내의 유·초·중·고, 특별지원학교 및 교육위원회에 배부했다.

| 니시미야시 |

니시미야시 교육위원회와 니시미야시의 교직원으로 구성된 인권교육 연구위원회는 2014년에 「모든 아이에게 따뜻한 거처를」을 제작해서 니시미야 시립 학교의 전 교사들에게 배부했다.

이렇게 학교에 주지시키기 위한 노력을 하더라도 전 교원의 이해가 한번에 높아지는 것은 아니기 때문에 교원위원회를 시작으로 교직원조합, 보건부회 등 여러 방면에서 지속적으로 정보를 제공할 필요가 있다.

성소수자 아동·청소년에 대한 개별 대응

2015년 4월 30일, 문부과학성은 「성별정체성장애에 관계된 아동·청소년에 대한 빈틈없는 대응의 실시 등에 관하여」를 발표, 성별정체성 장애를 겪는 성소수자 아동·청소년 대응에 관해 정리해서 전국 초·중·고등학교 등에 공문을 보냈다.

이것은 주로 자신의 성에 위화감이나 불안을 느끼는 학생에 대한 개별 대응에 관해서 구체적으로 정리한 내용이다. 또한 지금까지 언급하지 않았던 동성애 등의 성적지향 문제에 대해서도 '성소수자 아동·청소년'이라는 표현을 써서 처음 언급했다.

여기에서는 이 공문의 내용을 간단하게 정리하면서 개별 대응의 포인트를 짚고자 한다. 다만 이 내용은 어디까지나 포인트에 지나지 않으며 실제로는 그때그때 당사자나 가정 상황 등에 맞춰서 대응하는 것이 중요하다.

아이들의 성 정체성 고민, 어떻게 대응할까

① 학교 안팎에서 연계하여 조직적으로 지원한다

아동·청소년이 상담을 해왔을 때 그들의 비밀을 지키는 것은 당연히 중요하지만 교사 혼자 떠안지 않는 것도 중요하다. 아동·청소년과의 신뢰관계를 쌓은 후에 교사 사이에도 정보 공유가 필요하다는 것을 아동·청소년(또는 필요한 경우 보호자)에게 말하고 허락을 받아 대응을 진행하도록 한다.

Point

　　　　개중에는 누구에게도(특히 부모에게는) 말하지 말아 달라고 하는 케이스도 있을 것이다. 당사자의 허락을 받지 않고 성적지향이나 성별정체성에 관해서 말하는 것을 '아웃팅'이라고 하는데, 이는 매우 큰 정신적 충격을 주거나 불신감을 낳을 가능성이 있다. 서두르지 말고 당사자인 아동·청소년의 불안을 받아들이고, 우선은 '어른(선생님)이 이야기를 잘 들어줬다'라는 안심감과 신뢰를 쌓을 수 있도록 한다. 학교 생활을 하면서 느끼는 불편함에 대해서 당사자가 상담을 해왔을 때 '그건 나 혼자서는 판단하기 어려우니까 다른 선생님들한테도 도움을 받아보자'라고 이야기하면 정보공유의 허락을 얻는 것은 어렵지 않을 거라고 생각한다.

보호자에게 커밍아웃을 하는 것은 성소수자 아동·청소년에게 있어서 일생일대의 사건이다. 당사자의 의견을 최대한 존중하는 것이 중요하며 허락 없이 아웃팅을 해서는 안 된다. 하지만 동시에 학교로서는 보호자의 허락을 얻지 않으면 대응할 수 없는 것도 있기 때문에, 그것을 당사자에게 알리고 불안이나 고민에 공감하면서 장기적인 지원에 마음을 쓰도록 해야 한다. 개중에는 생명이 걸린 문제나 금전적인 문제 등 학교만으로는 대응할 수 없는 중대한 경우도 있을 수 있다. 그런 경우에도 보호자에게 알릴 때는 반드시 당사자에게 그 필요성을 충분히 설명하고 허락을 구해서 지원을 진행하도록 한다.

또한 보호자에게는 학교 생활의 모습, 가정에서의 걱정스러운 점 등 쌍방향의 정보공유를 긴밀히 해서 신뢰관계를 만드는 것이 모든 지원의 토대가 될 것이다.

② 의료기관과 연계하여 지원한다

성별위화감을 호소하는 아동·청소년이 있는 경우에 전문적인 조언을 얻기 위해서는 의료기관과의 연계가 중요하다. 성소수자에 관한 전문적인 의료기관은 아직 많지 않지만 사춘기 아이를 진료할 수 있고 상담도 꼼꼼하게 해주는 신뢰할 수 있는 의료기관에 상담하는 것도 하나의 선택지다. 또한 의료기관과 상담을 할 때 당사자나 보호자의 허락을 얻지 못할 경우에는 의료기관에 문의하는 등의 방법도 있을 수 있다.

진단명이 내려지지 않는 경우라고 하더라도 아이의 고민이나 불안에 공감하고 보호자의 의향 등도 받아들여서 필요한 지원을 이어가는 것이 중요하다.

Point

　　　　　동성애 등의 성적지향에 관해서 현재 '어떤 의미로도 치료의 대상이 되지 않는다(1990, WHO)'고 국제적으로 인식하고 있다. (34쪽 참고)

한편 성별에 관한 위화감에 대해서는 '성별정체성장애'로 진단하여 의료로 이어질 수 있다. 다만 당사자가 겪는 곤란이 '지금 당장 호르몬 치료를 받고 싶다'는 것보다 '교복을 입는 게 괴롭다'와 같은 학교 생활에 관련된 내용이라면 병원에 가지 않더라도 대응할 수 있다. 또한 본인이나 보호자가 병원에 가는 것을 주저하는 경우라면 통원을 무리하게 강요하지 말고 학교에서 할 수 있는 지원을 한다. 학교는 전문가의 조언 등을 참고해서 직원 연수를 통해 일반적으로 통용되는 내용으로 이해를 넓히고 개별 지원 방침을 전 직원에게 공유할 필요가 있다.

또한 사춘기는 섹슈얼리티가 흔들리는 시기이므로 바로 진단이 내려지지 않는 경우도 있다. 진단명의 유무에 따라서 당사자의 고민이나 불안이 사라지는 것은 아니기 때문에 본인이나 보호자의 이야기를 잘 듣고 학교 생활에서의 곤란한 상황을 조금이라도 줄여가는 지원이 필요하다.

성적지향·성별위화감으로 어려움을 겪는 아동·청소년이 그것에 영향을 받아 자해를 하거나 심신 질환 등의 증상으로 고통을 받는 경우에는, 성소수자에 관한 지식이 있는 의료기관이나 상담원과 연결될 수 있도록 당사자나 보호자의 납득을 얻어가면서 지원을 이어가야 한다.

또한 일본의 게이·바이섹슈얼 남성을 대상으로 한 조사*에서는 그들의 성피해 경험 비율이 21.4%로 높은 것을 볼 수 있다. 정신적으로 불안정한 아동·청소년의 경우에는 그런 가능성도 염두에 두고 전문기관과 연계를 도모해야 한다.

*PLoS One. 2014 May 6;9 (5): e95675. Doi: 10.1371/journal.pone.0095675. eCollection 2014. Prevalence of sexual victimization and correlates of forced sex in Japanese men who have sex with men. Hidaka Y, Operario D, Tsuji H, Takenaka M, Kimura H, Kamakura M, Ichikawa S.

③ 선입견을 갖지 않고 개별 아동·청소년의 상황에 맞춰서 지원한다

섹슈얼리티는 다양하고 개개인에 따라서 고민의 정도나 학교에서 지원해주기를 바라는 내용도 다르기 때문에 당사자·보호자의 의향을 잘 듣는 것이 중요하다.

사춘기에는 섹슈얼리티가 불안정해서 때때로 마음이 바뀌는 경우도 있다. 한번 지원방침을 정했다고 해결된 것이 아니라 지속적으로 아동·청소년의 생각을 듣고 변화를 지켜보면서 필요에 따라 지원 내용을 고쳐가야 한다.

Point

어떤 지원을 학교 측에 요청할까는 학생의 상황에 따라서 다르다. 성적지향 때문에 도움을 필요로 하는 경우에는 주위가 성의 다양성을 이해하는 분위기가 있다면 해결하기 쉬울 수도 있다. 성별위화감을 겪고 있는 경우에는 학교 측에 바라는 대응이 사람마다 정도가 다르므로 당사자의 희망을 잘 듣는 것이 중요하다.

개중에는 '자신이 동성애자라고 생각했는데 성별위화감 쪽이 강한 것 같다'는 등으로 주장이 바뀌는 경우도 있다. 아동·청소년이 커밍아웃을 했다면 그것은 신뢰의 증거이므로 기회를 봐서 상황을 묻고 그때마다 불안이나 망설임을 느끼는 부분에 귀를 기울여야 한다.

---

④ 다른 아동·청소년들에 대한 배려와 균형을 잡으면서 지원을 진행한다

다른 아동·청소년이 불공평함을 느끼지 않도록 유의하는 것도 중요하다. 당사자인 아동·청소년과 그 보호자와 상의해서 다른 아동·청

아이들의 성 정체성 고민, 어떻게 대응할까

소년들과 그 보호자에게 필요한 범위에서 정보공유를 하는 것도 고려해야 한다.

　또한 섹슈얼리티에 한정하지 않고 어떤 이유로도 괴롭힘이나 차별은 허용하지 않는 학급과 학교를 만들어야 한다는 것은 말할 필요도 없다.

Point

　　　당사자 아동·청소년의 지원에만 눈이 가 있으면 '왜 저 애만 직원 화장실을 쓰는 거야?' '트레이닝복으로 학교를 다녀도 돼?' 등의 불만이 나올 가능성 있다. 다른 아동·청소년들이 불공평함을 느끼지 않도록 하기 위해서라도 할 수 있는 지원은 하지만 특별 취급은 하지 않는 자세가 중요하다. 대응책으로는 '몸이 안 좋은 사람은 모두 직원 화장실을 사용해도 좋다'거나, 다친 사람을 포함해서 특별한 사정이 있으면 '신청서'를 제출하는 것으로 교복 이외의 옷 착용도 일정기간 인정해주는 등, 모든 아동·청소년에게 적용할 수 있는 상황을 만드는 방법도 있다.

또한 입학 시에 다른 아동·청소년들이나 보호자에게 커밍아웃 할 기회를 마련하는 것도 생각할 수 있다. 하지만 그런 대응은 교장 선생님의 지휘 하에 생각해볼 수 있는 장점과 단점을 당사자 아동·청소년과 보호자에게 충분히 전달해서 그 의향을 확인하고, 교사들의 공통이해·협력체제에도 만전을 기한 후 진행해야 한다.

성적지향이나 성별위화감을 이유로 놀림이나 괴롭힘이 발생하는 경우에는 성소수자 아웃팅에 주의하고, 그 외 괴롭힘 등의 대응과 마찬가지로 학교 전체에서 대처한다.

⑤ 당사자 아동·청소년과 보호자의 관계성을 소중히 한다

보호자가 아이의 고민을 받아들인 경우는 긴밀하게 연계하면서 지원을 진행할 수 있다.

보호자가 아이의 고민을 받아들이지 못한 경우에는 학교 생활을 하면서 겪는 고민·불안의 경감과 문제행동을 미연에 방지하기 위해서 보호자와 충분히 대화하여 가능한 지원을 하도록 한다.

Point

보호자로서 아이가 성소수자인 것을 받아들이는 것은 간단한 일은 아니며, 이해하는데 시간이 걸리는 경우도 있다. 보호자가 섹슈얼리티에 대해서 학습할 수 있는 기회나, 가족 모임 등 상담할 수 있는 사람과 장소를 소개하는 등의 지원을 진행한다. 그러기 위해 교내에서 역할 분담을 하여 보호자에 대응하는 것도 필요하다.

섹슈얼리티에 대한 이해가 곤란한 경우에도 보호자는 아이가 즐겁게 학교 생활을 하는 것을 바라고 있다. 학교는 아이의 성장과 충실한 학교 생활을 위해서 보호자와의 정보공유를 반복하여 가능한 지원을 모색하도록 한다.

보호자 대응

● 보호자 전체

대부분의 보호자는 지금까지 성의 다양성에 대해서 배울 기회가 없었고 '보이지 않는 커리큘럼'(110쪽)에 의해서 남녀 이원론으로 성을 알고 있을 가능성이 높다. 그렇기 때문에 보호자가 성의 다양성을 배울 기회를 만드는 것도 중요하다. 예를 들어 PTA(학부모 모임) 학습모임의 테마로 설정하거나 아동·청소년들을 대상으로 한 학습에 부모님도 참가하도록 하는 형태를 생각해볼 수 있다. 그 외에도 학교 안내문이나 보건 안내문, 가정통신문 등의 안내문에서 성의 다양성에 관해 다루거나, 보건위원회의 연구 테마로 정해서 학습발표회나 문화제에서 발표하는 등 다양한 방법을 생각해볼 수 있다.

● 성소수자의 보호자

자신의 아이가 성소수자인 것을 알게 되었을 때 충격을 받는 보호자가 적지 않다. 그리고 '그건 착각이야' 같이 아이의 주장을 부정하거나 자신의 양육법에 문제가 있었던 게 아닐까 하며 자신을 원망하는 경우도 있다. 또한 그 사실이나 마음을 부부 사이에도 공유하지 못하고 보호자 개인이 고립되거나 주위의 눈을 너무 의식해서 아이의 괴로움을 알아주지 못하는 경우도 있다.

보호자가 충격과 고립감, 장래에 대한 불안 등을 강하게 느끼는 경우에는 그런 마음을 터놓고 말할 수 있는 사람이나 장소가 필요하다. 성소수자 부모모임 같은 자조 모임이나 섹슈얼리티에 대한 상담이 가능한 곳을 이용하여 보호자가 갈등을 받아들일 수 있도록 지원한다.

또한 교내에서 성의 다양성에 대해 학습할 기회를 만들어 참가를 촉구하거나, 아동·청소년을 대상으로 한 보건 강의 등에서 아동·청소년들의 수용적인 모습을 관찰하게 하는 것으로 보호자를 안심시킬 수 있다.

보호자가 점차 받아들이는 모습을 보이는 경우에는, 당사자가 학교에서 더 자유롭게 자신의 가능성을 발휘할 수 있도록 하기 위해서 어떤 지원이 필요한지 당사자와 보호자의 의향을 들어가면서 지원한다. 상황에 맞춰서 의료기관과의 연계에 대해서도 보호자와 상담한다.

다른 한편으로는 다른 아이가 불공평함과 불신을 가지지 않게 하기 위해서 다른 보호자들 대상으로 설명회를 여는 등 본인과 보호자의 이해와 협력이 필요하기도 하다. 이런 대응은 당사자 아이에게 하는 지원을 통해서 보호자와 신뢰관계를 쌓음으로써 가능해진다. 혼자서 떠안지 말고 학교 내에서 역할 분담을 하여 학생의 이야기를 듣는 창구는 담임, 보호자의 이야기를 듣는 창구는 관리직 등 팀으로 지원하는 것이 좋다.

LGB 아동·청소년에 대한 대응

LGB의 인구는 3~5%, 즉 20명 중 1명은 있다고 추정할 수 있다. 하지만 대부분의 LGB는 자신의 성적지향이 알려짐으로 인해서 괴롭힘을 당하거나 편견을 가지는 것을 걱정하여 이성애자로 가장해서 생활하고 있다. 그리고 실제로 '호모, 변태' 등의 말로 괴롭힘을 당하는 등의 피해의 비율도 높으며, 화병이나 자살미수 같이 정신건강에 중대한 문제가 생기기 쉽다고 알려져 있다. 또한 보건체육 교과서에는 '사춘기가 되면 이성에게 성적 관심이 생긴다'라고 설명하고 있기 때문에 '나는 이상하구나' 하고 불필요하게 자존감이 낮아지는 경우도 있다. 또한 사회적으로 성적지향을 오픈하고 활동하는 사람이 적기 때문에 장래 전망이 보이지 않고, 학교 생활에서의 의욕이 저하되는 경우도 있다.

그리고 LGB의 문제로 성감염증의 우려나 교류사이트 등에서의 인간관계 문제 등에 휘말리는 위기가 있는 것도 알아두어야 한다.

LGB 등 이성애 이외의 성적지향은 '질환'이 아니므로 본인 자신과 주위의 사람이 다양한 성적지향을 이해하고 공생할 수 있는 좋은 환경을 만드는 것이 중요하다.

그리고 실제로 정신 건강에 중대한 문제가 있는 경우에는 섹슈얼리티에 대한 상담이 가능한 의료기관이나 상담원과 연결할 필요가 있다.

● 대응 포인트

| 동성애는 치료할 수 있어? |

동성애는 병이 아니므로 성적지향을 자신의 의사로 바꾸거나 선택할 수는 없다. 실수로라도 '언젠가 나을 거야'라는 말은 하지 말아야 한다. 본인이 자신의 성적지향을 받아들이고 긍정적으로 생각할 수 있도록 상담을 해주는 사람이 있는 그대로의 상대를 받아들이고 긍정하는 것이 중요하다.

| 여자친구(남자친구) 없어? |

일상적으로 하는 말 중에 이성애를 전제로 한 말을 하는 경우가 있다. 그런 선입관에 많은 LGB는 상처를 받는다.

| 장래에 어떤 일을 하면 좋아? |

대부분의 LGB는 이성애자를 가장해서 생활하며 다양한 직업에서 사회적으로 활약하고 있다. LGB이기 때문에 장래의 직업에 제한이 있다고 비관적으로 생각할 필요는 없다.

| 커밍아웃은 꼭 해야 해? |

성인이라고 해도 많은 LGB는 자신이 성소수자라는 것을 부모에게 커밍아웃하지 않는다고 알려져 있다. 가깝고 중요한 존재이기 때문에 결과를 더 불안하게 생각하는 것도 있을지 모른다. 자신에게 커밍아웃해 줬다고 하더라도 누구에게 언제 어디까지 이야기할지는 그때의 상황이나 본인의 희망을 존중해서 허락없이 아웃팅을 하는 일은 결코 있어서는 안 된다.

| 같은 성적지향을 가진 사람과 어디에서 만날 수 있어? |

지역이나 인터넷 상에서 LGB 커뮤니티를 많이 볼 수 있다. 비슷한 입장이나 연령의 사람과 교류는 자신감을 가지게 하고, 또한 자기자신의 섹슈얼리티를 같이 이해하는 데 도움이 된다. 신뢰할 수 있는 커뮤니티 정보를 수집해서 학생에게 소개할 수 있도록 해야 한다. 하지만 참가한 커뮤니티가 반드시 그 아이에게 맞지 않을 수도 있다. 자신의 마음을 알아줬으면 좋겠고, 비슷한 사람을 만나고 싶다고 생각해서 겨우 마음을 연 장소에서 마음이 맞지 않아서 상처를 받는 일도 있다. 그런 예가 있다는 것도 사전에 전하도록 한다.

| 인터넷 상의 커뮤니티는 안전해? |

인터넷에서 검색을 하면 데이트 사이트나 성인 대상 사이트가 많이 나온다. 고독감을 견디지 못하고 그런 사이트에 연령을 속이고 접속하면, 본인은 정신적인 만남을 원했는데 성행위를 목적으로 잘 알지도 못하는 사람과 만나게 되는 위험에 노출될 수도 있다. 게이 아동·청소년에게는 남성 동성애자 사이에서 HIV 감염자가 증가하고 있음을 제대로 전달하고, 위험성 높은 사이트와는 거리를 두도록 알려 주어야 한다.

LGB 아동·청소년이
휘말리기 쉬운 문제

● 왕따·등교거부·자살미수

2014년에 일본에 거주하는 게이·바이섹슈얼 남성 20,821명을 대상으로 실시한 조사를 보면 초·중등학교 학령기에 왕따·등교거부·자해 등 여러 문제를 겪는 일이 많다는 걸 알 수 있다.

왕따 피해 경험률은 전체의 55.7%(10대에 한정하면 43.8%)이며 등교거부는 17.6%(10대에서는 22.7%), 칼 등으로 자신의 신체에 상처를 입히는 자해행위 경험은 9.6%(10대에서는 17.6%)였다. 자해행위 경험률이 10대에서 17.6%로 나타난 것을 보면 단순히 비교해도 2배 정도임을 시사한다.

반면 성소수자 여성을 대상으로 한 조사는 매우 적지만, 민간단체가 실시한 조사*에는 비이성애라고 대답한 여성 중 45%가 언어폭력 피

● 생명 경의. 화이트리본 캠페인 「LGBT 학교생활에 관한 실태 조사」(2013)

해 경험이 있다고 한다. 또한 미국의 연구[**]에서는 여성을 파트너로 둔 여성 중 15%가 우울 경향이 있다고 밝혔다.

일본은 이성애를 전제로 한 사회이기 때문에 그 안에서 동성애자는 '이질적인 존재'로 취급 당하거나 전통적인 남성성·여성성을 가지지 않으면 주위에 구속 당하는 경우도 있으며, 왕따 피해나 등교 거부 같은 곤란한 사건이 학령기에 집중적으로 발생하고 있다. 그렇기 때문에 그 시기에 자존감이 결정적으로 상처 입는 경우가 많아서 자해행위 등으로 이어질 수 있다.

앞서 말한 것들 때문에 교사나 상담 교사는 왕따·등교 거부·자살 염려 등 사춘기에 겪을 수 있는 위기적 사건의 배경 중 하나로 성적지향이 관련되어 있을 가능성에 대해서도 대응해야 한다. 또한 자치단체 등의 기관에서도 성소수자를 지원하는 준비가 필요하다.

● 성감염증

1년간 일본에서 보고된 HIV[***] 감염자·AIDS[****] 환자는 약 1,500 명 정도이다. 감염 경로 별로 집계하면 남성 동성 간의 성적 접촉에 의한 감염이 70%를 점하고 있다. 다만 이 통계는 첫 진료 때 환자가 의사에게 보고한 '의심되는 감염 경로'에 기반한 내용으로, 첫 진료 때 솔직

[**] Susan D. Cochran and Vickie M. Mays "Relation between Psychiatric Syndromes and Behaviorally Defined Sexual Orientation in a Sample of the US Population" *American Journal of Epidemiology*, Vol151

[***] HIV(Human Immunodeficiency Virus, 인체면역결핍바이러스)

[****] AIDS(Acquired Immune Deficiency Syndrome, 후천성면역결핍증)

히 말하는 것을 주저하는 사람이 있을 가능성을 생각하면 실제 비율은 이것보다 높을 것으로 보인다.

그럼 왜 남성 동성 간에 HIV 감염이 집중돼 있을까요? 우선 첫 번째로 이성애자에 비해서 게이·바이섹슈얼 남성은 소수자이기 때문에 친구의 친구는 이전에 자신과 사귄 사람인 경우가 적지 않다. 즉, 인적 네트워크가 밀접하기 때문에 그런 관계성 안에 바이러스가 들어오면 감염되기 쉽다.

또한 필자의 조사*에 의하면 게이·바이섹슈얼 남성의 80% 정도가 과거 6개월 이내에 항문성교 경험이 있었는데, 직장 점막의 상처입기 쉽고 흡수를 잘 하는 특성을 생각하면 콘돔을 사용하여 예방하지 않으면 바이러스에 감염되기 쉽다고 할 수 있다. 이런 점에서 HIV를 포함한 성감염증 예방에 콘돔의 적절한 사용이 필수라는 것을 알리는 운동이 진행되고 있다.

다만 게이·바이섹슈얼 남성의 대부분은 HIV나 성감염증에 대해서 기본적인 지식 보유 수준이 비교적 높기 때문에 지식만으로 예방 운동을 촉진하는 것은 어렵다. 또한, 학령기에 왕따 피해 경험으로 자존심을 심하게 상처 입은 사람이 많고, 커밍아웃의 어려움으로 인해 일상생활에서 과도한 스트레스를 겪는 등의 생존력이나 심리적 요인도 예방행동을 저해한다고 생각할 수 있다.

● 히다카 야스하루(2015) 인터넷을 통한 MSM의 HIV 감염 리스크에 관한 행동역학 연구, 후생노동과학연구비보조금 에이즈대책정책연구사업 개별시책층의 인터넷을 통한 모니터링 조사와 교육·검사/임상현장에서의 예방·지원에 관한 연구

아이들의 성 정체성 고민, 어떻게 대응할까

동성애 남학생과 보낸 3년
현립고교 보건 교사

B가 보건실에 와서 자신이 동성애자라고 커밍아웃한 것은 1학년 여름 방학을 앞두고 있을 때였습니다. B가 보건실에 오기로 마음 먹은 계기가 된 것은 복도에 붙여 두었던 성소수자 도우미 활동을 하는 특정비영리활동법인 SHIP의 뉴스레터였습니다.

B는 그 후에도 한 달에 한 번 이상은 보건실에 들러서 다양한 상담을 했는데, 그 내용은 성적지향에 한정되지 않고 싱글맘인 어머니와의 관계나 성적 등도 있었습니다. B는 학교 성적이 우수한 학생이었는데 부모의 기대가 너무 커서 중압감을 느끼고 있었습니다. 예를 들면, 100점 만점에 95점을 받아도 나머지 5점 때문에 혼이 나는 식이었습니다. B는 성적지향이나 학교 성적 등 다양한 면에서 '부모의 기대에 부응할 수 없다'는 생각에 사로잡혀서 '부모님께 죄송하다'라고 반복해서 말했습니다.

붙임성이 있고 친구도 많았던 B였지만 주위의 친구는 모두 이성애자였고 별것 아닌 대화 안에서 동성애자를 놀리는 듯한 말에 상처를 받아서 '진심으로 나를 이해하고 받아들여 줄 사람이 없다'고 느끼는 것 같았습니다.

이렇게 자신의 성적지향에 관한 고민으로 B는 자기긍정감이 저하

되고 때로는 자해행위를 하는 경우도 있었습니다.

B에 대한 학교의 대응

B의 고백을 들은 후에 교내에서는 이름을 밝히지 않고 '동성애라는 성적지향으로 고민하는 학생이 있다'라는 내용으로 교사들이 정보를 공유하여, 표면화한 대응은 아니지만 차별이 없는 환경 만들기를 시작했습니다. 또한 담임 교사에게는 어머니에게 인정받지 못해 생긴 심리 상황에 대해 알려서, (학교 성적에 대해서) 잘 하고 있는 부분을 봐달라고 전하는 것으로 자해행위도 점점 줄어들게 되었습니다.

통합 학습 시간을 활용

이전부터 2학년은 통합 학습 시간에 섹슈얼리티에 관해 다루었습니다. B가 2학년이 되고, 이 수업이 당사자인 B에게는 부담이 클지도 몰라 고민했지만 결과적으로는 수업 자료 만들기에 참가시키기로 했습니다. 아무것도 모르는 사람들이 알았으면 하는 게 있는지를 물었더니, "동성애라고 하면 동성은 가리지 않고 누구나 좋아하는 것처럼 생각하지만, 상대가 그 사람이어서 좋아하는 거예요. 일반적인 연애와 같아요. 다들 그걸 알아줬으면 좋겠어요."라는 귀중한 의견을 말해줬습니다. 이 한 마디만 들어도 B가 지금까지 어떤 말에 상처를 받아 왔는지 알 수 있을 것 같았습니다. 그리고 B는 나의 불안은 개의치 않고 수업에도 참가했습니다.

수업 후의 설문조사에 많은 학생들이 '섹슈얼리티의 다양성에 대해 배울 수 있었다' '다양한 사랑의 형태가 있다는 것을 알았다' '앞으로 동성애자 친구가 생기면 이해해주고 싶다'라고 답했습니다. B도 '자신과 타인의 다른 점에 대해서 긍정적으로 생각하게 되었다'라는 감상을 남겼는데, 자신의 생각이 수업에서 전해진 것이 B 스스로 자신감을 갖게 만든 것 같았습니다.

인터넷 게시판

3학년이 된 B가 '인터넷으로 알게 된 남자가 쫓아다닌다, 성감염증에 걸렸을지도 모른다'라는 상담을 해왔습니다. B는 견딜 수 없이 외로워서 인터넷 게시판을 이용하게 되었다고 했습니다. 비슷한 시기에 싱글맘이었던 어머니가 재혼한 것이 B의 외로움에 영향을 줬을지도 모릅니다. 게시판을 통해 알게 돼서 관계를 가진 남성에 관한 안 좋은 소문을 듣고 무서워졌다는 이야기였습니다. 그래서 성감염증 조사도 하고 있는 SHIP의 교류 스페이스를 B에게 소개했습니다.

SHIP에서 검사를 받고 감염되지 않은 것을 알고 난 후, 그곳이 솔직하게 이야기를 할 수 있는 장소이고 자신은 혼자가 아니라는 것을 알게 된 것이 B에게 하나의 전환점이 되었습니다. 그 후로는 자신과 비슷한 고민을 가진 사람에게 용기를 주는 활동을 하고 싶다며, 신문사의 취재 등에도 협력하는 등 밝음을 되찾고 인터넷 게시판에서도 거리를 둘 수 있게 되었습니다.

마지막으로

동성애자가 사춘기 때부터 데이팅 사이트 등을 이용하는 예는 많습니다. 그들이 데이팅 사이트에 접속하는 이유는, 애인을 갖고 싶다는 마음보다 그저 자신의 성적지향에 대해서 숨기지 않고 이야기할 수 있는 상대가 있었으면 좋겠다, 이해받고 싶다와 같은 마음이 강해서라고 합니다. 보통 때 있는 그대로의 자신을 표현하지 못하고 생활하는 성소수자 아동·청소년들에게 가정환경의 변화 등 커다란 사건이 있는 경우에는, 그것이 계기가 되어 위험한 행동을 할 수도 있다는 것을 B를 통해서 알게 되었습니다. 지속적이고 적극적인 지원이 부족했다고 반성했던 사례지만 '학교 선생님한테 상담하면 필요한 지원을 받을 수 있다'라고 생각해준 것이 아주 중요했다고 생각합니다.

B는 다행히 피해가 적은 상태에서 자신의 섹슈얼리티를 받아들였고, 어머니에게도 인정 받았기 때문에 현재는 안정된 대학생활을 보내고 있습니다.

그런 B가 인간의 성에 대해 다음과 같이 말해준 것이 아주 인상적이었습니다.

"저는 성별의 틀에 자신을 가둘 필요가 없다고 생각해요. 개개인은 다 다르기도 하고, 저는 남자를 좋아하고 제 자신도 남자라고 생각하지만, 그렇다고 해서 게이라는 틀에 가둘 필요는 없지 않을까요?"

아이들의 성 정체성 고민, 어떻게 대응할까

학생보건위원회의 '연애'에 관한 연구 지원 사례
현립고교 보건 교사

지원의 계기

문화제에서 실시하는 학생보건위원회의 연구 발표에 학생들이 '연애'를 다루고 싶다고 희망했습니다. 기획을 한 2학년 보건위원회는 고교생다운 연애에 대한 관심에서 좋아하는 타입의 이성에 관한 앙케이트를 작성했습니다.

본교에서는 예전부터 인권학습으로 3학년 대상 성소수자 학생에 의한 강연을 실시하고 있었는데, 연애를 연구 대상으로 한 것을 계기로 시야를 넓히는 배움의 기회를 만들고 싶다고 생각했습니다. 그래서 다양한 성의 문제를 서포트하는 단체(SHIP)를 취재해 보지 않겠냐고 제안해 보았습니다. SHIP은 '가나가와 자원봉사협동기금'을 받고 있는 단체이기 때문에 그 공공성에서 학생 인솔에 적합하다는 보건위원회 고문으로서의 판단도 있었습니다.

동성애에 관해서 배울 곳이 가까이에 있다는 것에 학생들은 놀라고 관심을 보였습니다. 취재를 할 때 흥미 위주의 언동을 하지는 않을까, 보건위원회의 발표가 편견을 조장하지 않을까와 같은 걱정도 있었지만, 학교 밖에서 현장의 사람·물건·일을 만나고 생각하는 것에서부터 변화가 일어날 것을 기대했습니다.

취재부터 발표까지

SHIP의 취재는 보건위원회를 담당하는 사회과 교사가 인솔했습니다. 40명 중 1~2명은 동성애를 시작으로 하는 성소수자가 있다는 것과 성에 눈을 뜨는 사춘기에 자신이 이상한 건 아닐까 고민하고 고립된 경험, 그 때문에 자살을 생각하는 비율이 높은 것 등 통계상의 사실을 배우고 SHIP을 찾는 사람들의 절실한 고민, 안심하고 이야기할 수 있는 동료와 만났을 때의 안도감 등에 대해서 당사자에게 직접 이야기를 들을 수 있었습니다.

SHIP을 방문해서 당사자의 절실한 고민과 고뇌를 들은 보건위원 학생들은, 그때까지 했던 경솔한 발언을 돌아보고 반성과 후회를 하면서 그런 편견을 없애기 위해 배운 것을 문화제에서 제대로 전달하고 싶다며 전시 자료를 작성했습니다.

차별과 편견은 남의 일이 아니라 자신에게도 관계가 있다는 것을 실감하고, 배운 내용으로 자료를 만드는 학생의 성장과 변화를 보건 교사로서 지켜볼 수 있었습니다.

발표를 본 보호자의 반응

발표를 본 보호자가 '내 아이가 커밍아웃을 한다면…… 부모로서 마음의 준비가 돼 있지 않은 것 같다' '부모의 입장에서 배울 필요가 있다고 생각한다'라는 의견을 냈고, 그후에 PTA 홍보 담당인 보호자도 SHIP을 취재하여 특집기사로 실었습니다.

아이들의 성 정체성 고민, 어떻게 대응할까

앞으로

본교에서는 여학생 교복으로 바지를 허용하고 있지만 그 외의 적극적인 배려는 현재 특별히 하고 있지 않습니다. 문화제 발표에 대해서 학생에게 직접적인 반응이 있었던 것은 아니지만 복도에 게시한 성소수자 포스터에 장난을 치는 학생도 없고 눈에 잘 띄는 곳에 걸려 있습니다.

또한 포켓 사이즈의 전단지도 많이 줄어든 것을 보면 관심 있는 학생이 많았던 것 같습니다. 자기다운 자연체로 있을 수 있는 학교 풍토를 만들어 가기 위해서, 앞으로 환경 만들기와 인권 학습으로서 섹슈얼리티 강연회는 계속 실시해야겠다고 생각합니다.

성별위화감을 느끼는
아동·청소년에 대한 대응

자신이 어떤 성별에 속해 있는가 하는 성별정체성을 생각하기 시작하는 것은 3~5세라고 알려져 있다.

성별위화감을 느끼는 아이의 경우 초등학교에 입학해서 남녀가 확실히 구분될 때 자신의 성별정체성과 주위에서 반응하는 것이 다르다는 것에 충격을 받는다고 한다. 그리고 사춘기에 들어서서 2차 성징이 시작되면 신체와 성별정체성의 위화감은 나날이 늘어날 것이다. 교복 착용 등이 장애물이 되어 개중에는 통학을 하지 못하는 학생도 있다.

통학이 가능하다고 하더라도 주위에서 이상하게 생각하지 않도록 '보통'을 가장하거나 장래에 대한 불안을 느끼고, 있는 그대로의 자신을 누구에게도 드러내지 못하는 고독감으로 아무도 모르게 몸과 마음의 병을 앓는 경우도 있다.

그 학생의 학습권을 보장하고 장래에 대한 희망을 가지고 학교 생활을 할 수 있도록 지원하기 위해서도 그런 심신의 상황을 이해하고 조금이라도 생활하기 좋은 상황을 만들어 주는 것이 중요하다.

● 실제 대응의 예

성별위화감을 느끼는 아동·청소년은 사회생활에서 여러 문제를 겪고 있는 경우가 많다. 특히 아동·청소년의 생활의 중심이라고 할 수 있는 학교 현장에서는 그 문제를 조금이라도 경감할 수 있도록 아동·청소년의 의사를 존중하여 꼼꼼한 대응을 실시해야 한다.

문부과학성이 2014년에 실시한 전국 학교의 대응 상황을 조사한 「성별정체성장애에 관계된 대응에 관한 상황 조사」에 의하면, 배려가 있다는 응답은 62.2%, 배려가 없다는 응답은 37.6%, 무응답은 0.2%로, 당사자 아동·청소년의 약 60%가 학교 측으로부터 어떤 특별한 배려를 받고 있다는 것이 밝혀졌다. (150쪽 참고)

● 성별위화감을 느끼는 학생을 위한 지원 사례

아래는 어디까지나 한 예로, '성별정체성장애'로 진단 받은 경우라도 구체적인 대응은 동일하지 않으며 개개인의 상황에 따라 다르다. 특별한 대응을 희망하지 않는 경우도 있기 때문에 어디까지나 본인의 희망에 맞추어 대응 계획을 세워야 한다.

| 복장/교복 |

- 성별정체성에 맞는 교복이나 의복, 체육복 등의 착용을 허용한다

- 교내에서 트레이닝복의 착용을 허용한다
- 여학생 교복에도 바지가 있으므로 상시 바지를 착용한다

MtF 고등학생 사례: 남학생 교복을 입는 게 싫어서 학교에 오면 바로 트레이닝복으로 갈아입었습니다.

| 머리모양 |

- 남학생의 머리 모양을 규정하는 교칙이 있지만 예외적으로 긴머리를 허용한다(MtF)

| 화장실 |

- 교사 화장실이나 성중립 화장실 등을 이용한다

FtM 중학생 사례: 남학생으로 등교하기 때문에 자기 정체성에 맞는 화장실을 사용합니다.

| 탈의실 |

- 보건실이나 성중립 화장실 등을 이용한다

| 호칭 |

- 자기 정체성에 맞는 성별로 명부에 기재한다
- 입학 때 희망하는 호칭을 물어서 그 호칭으로 부른다

아이들의 성 정체성 고민, 어떻게 대응할까

| 운동부에서의 활동 |

• 자기 정체성에 맞는 성별로 참가하는 것을 허용한다(단, 교외 시합 등
은 호적상의 성별로 참가)

| 수영이나 유니폼이 있는 과외 활동 |

• 상반신이 가려지는 수영복의 착용을 허용한다(MtF)

• 당일은 견학을 하고 다른 날 개별로 보충 수업을 실시한다

FtM 고등학생 사례: 유니폼 입는 과외 활동에서는 남성용으로 신청했습
니다.

| 수학여행 |

• 1인실 사용을 허용한다

• 욕실은 입실 시간이 겹치지 않도록 하거나 실내 욕실을 사용한다

FtM 중학생 사례: 아이들은 서로 초등학교 때부터 알고 지냈고, 여학생
들과도 사이가 좋아서 같은 방을 써도 좋다고 양쪽 모두 동의하여 특
별한 대응은 하지 않았습니다.

보건 교사가 알아두면 좋은 성별정체성장애 기초지식

답변 : 나카쓰카 미키야
오카야마대학대학원 보건학연구과 교수/ 오카야마대학 젠더클리닉 의사/
GID 성별정체성장애 학회 이사장

Q. 성별정체성장애 진단은 어떻게 이루어지나요?

'성'은 다양한 요소로 구성되어 있습니다.

생물학적 성(Sex)은 ① 성염색체(남성형은 XY, 여성형은 XX) ②내·외성기의 해부(음경, 정소, 질, 자궁, 난자 등) ③ 성 스테로이드 호르몬(남성 호르몬, 여성 호르몬) 등으로 결정됩니다. 생물학적 성은 '신체의 성'이라고도 하는데 진찰이나 화상진단, 혈액검사로 판별합니다.

사회적 성(Gender)은 ① 성별정체성 ② 성역할 등으로 이루어집니다.

성별위화감은 '신체의 성'과 '성별정체성'이 일치하지 않는 상태로, 자신의 신체가 자신의 것이 아닌 것 같은 '성별위화감'을 느낍니다. (표 1) 신체의 성은 여성, 성별정체성은 남성인 FtM과 신체의 성은 남성, 성별정체성은 여성인 MtF로 분류됩니다.

성별위화감 진단은 '성별정체성'을 기준으로 판단합니다. 성역할이나 성적지향이 남성인지 여성인지는 따지지 않습니다. '성적지향'을 기준으로 신체의 성과 같은 성별로 향하는 동성애나 성기, 호르몬, 성염색체 등이 비정형적인 성발달장애(Disorders of Sex Development: DSD)와는 진단의 시점이 다릅니다.

표 1. 성별정체성장애의 감별

		생물학적 성(섹스)			사회학적 성(젠더)		
		유전자·염색체	성기의 형태	성 호르몬	성별정체성	성적지향	성역할
성별 정체성 장애	MtF	남성	남성	남성	여성	묻지 않음(남)	묻지 않음
	FtM	여성	여성	여성	남성	묻지 않음(여)	묻지 않음
동성애	게이	남성	남성	남성	남성	남성	묻지 않음
	레즈비언	여성	여성	여성	여성	여성	묻지 않음
성발달장애 (DSD)		특정하지 않음 (질환·개인에 따라 다름)			묻지 않음	묻지 않음	묻지 않음 (질환·개인에 따라 다름)

※ 성별정체성장애 진단에는 성적지향을 따지지 않지만 전형적으로는 ( )안의 성을 향하므로 외견적으로는 동성애(호모섹슈얼)로 보이는 경우도 있다. 하지만 성별정체성으로 보면 이성애(헤테로섹슈얼)라고 할 수 있다. 또한 에이섹슈얼(무성애), 바이섹슈얼(양성애)의 경우도 있다. 성별정체성도 흔들리는 경우가 있는데, 특히 아이들의 경우에는 신중한 관찰이 필요하다. 같은 성발달장애라고 해도 사례에 따라 성별정체성은 여성일 수도 남성일 수도 있다. 그리고 그 이외에도 다양한 형태가 나타날 수 있음에 유의할 필요가 있다.

Q. 성별위화감을 느끼는 학생이 겪기 쉬운 문제에 대해서 가르쳐 주세요.

오카야마대학 젠더클리닉에서 진찰을 받은 성별정체성장애 당사자가 성별위화감을 자각한 시기는 '유년기'가 반수 이상이었고, '중학교 이전'이 약 90%를 차지했습니다. 특히 학교 생활이 시작되거나 2차 성징이 시작되는 초등학교~중학교 때는 성별위화감이 더욱 명확해지는데, 그중에서도 중학교 때는 2차 성징에 의한 신체의 변화로 초조함을 느끼는 데다가 교복이나 연애 문제가 더해져서 자살 염려, 자해·자살 미수, 등교 거부 등이 높은 비율로 나타납니다. (표 2)

성별위화감이 계속되거나 왕따를 경험하면서 대인공포증 등의 불안장애나 우울증 등 정신과적 합병증으로 이어지는 예도 있습니다.

표 2. 성별정체성장애로 겪을 수 있는 문제

	전체	MtF	FtM
자살 염려	58.6%(676/1,154)	63.2%(268/424)	55.9%(408/730)
자해·자살 미수	28.4%(327/1,153)	31.4%(133/423)	26.6%(194/730)
등교 거부	29.4%(341/1,158)	30.8%(131/425)	28.6%(210/733)
정신과적 합병증	16.5%(189/1,148)	25.1%(106/422)	11.4%(83/726)

Q. 학생이 성별위화감에 대해 상담해 왔을 때 배려해야 할 점을 가르쳐 주세요.

상담을 해왔다는 것은 당신을 이야기해도 괜찮은 사람, 이해해줄 것 같은 사람으로 인식한 것으로 보고, 우선은 이야기 해줘서 고맙다는 말을 해주는 것이 좋습니다. MtF 당사자를 대상으로 한 조사에서, 어렸을 때 성별위화감을 '고민했지만 알리지 못했다' 12.5%, '절대 알릴 수 없다고 생각했다' 75.0%로 답해, 약 90%가 고민을 알리지 못한다는 것을 알 수 있습니다.

혹시 학생이 '부모님께는 알리지 않았으면 좋겠다' '다른 선생님께는 말하지 않았으면 좋겠다'라고 하는 경우, 자살 기도 등의 긴급성이 없다면 알리지 않고 우선은 이야기를 들어줍니다. 이 시점에서 누군가에게 알리면 학생과의 신뢰관계를 해쳐서 상담을 중단하게 되는 경우가 생길 수 있습니다. 그럴 때는 혼자서 고민하지 말고 학생이 납득하는 형태로 함께 지원해줄 사람을 늘려갈 필요가 있습니다. 때로는 전문가이며, 또한 비밀을 지킬 의무가 있는 젠더클리닉의 의사 등에게 교사가 상담을 하는 경우도 있습니다.

Q. 성별정체성장애 치료에 대해서 가르쳐 주세요.

성별정체성장애는 성별정체성을 신체의 성에 맞추는 치료는 소용없습니다. 만약 무리하게 진행하면 우울증이나 자살로 이어질 수 있기 때문에 신체의 성을 성별정체성에 맞추는 치료가 행해집니다. 일본 정신신경학회의 성별정체성장애 진료 가이드라인에서는 18세부터 남성 호르몬이나 여성 호르몬을 통한 호르몬 요법 및 FtM 당사자의 유방 절제술이 가능하다고 합니다. 또한 그 후에도 '바라는 성으로 생활하는 것(Real Life Experience: RLE)'이 문제가 없고 경제적으로 준비가 되면 20세부터 성기 수술(성전환수술 Sex Reassignment Surgery: SRS)이 가능해집니다.

진료는 정신과의, 산부인과의, 비뇨기과의, 성형외과의 등으로 구성된 의료 팀(젠더클리닉)을 통해 이루어집니다. 정신과의는 당사자나 가족에게 현재의 상태나 성장 배경에 대해 듣고 성별정체성을 확정하며, 불안이나 우울 등의 정신 상태, 학교나 직장 등에서의 사회적 적응 상태 등을 고려하여 신체적 치료 스케줄을 조정합니다.

정신과 진료나 진단을 위한 검사는 건강보험이 적용되는 경우가 많지만 호르몬요법, 수술요법은 원칙적으로 자비 부담입니다. 2003년 특례법 성립 후 호적의 성별 변경이 가능해져서 원하는 성으로 취업하거나 결혼할 수 있게 되었기 때문에, 있는 그대로의 자신의 모습으로 사는 사람이 늘어났습니다. 하지만 호적상의 성별 변경에는 성전환수술을 받아야 한다는 조건이 있기 때문에 돈이 없으면 인생의 출발선에도 설 수 없냐는 비판도 있습니다.

Q. 성별위화감을 느끼는 아동·청소년이 치료를 희망하는 경우에 어떻게 하면 좋을까요?

학교에 상담을 신청해도 방치하거나 참으라고 강요하면 우울증이나 등교거부, 자살 등으로 이어지는 예도 있습니다. 또한 호르몬제를 개인적으로 수입해서 자기 판단으로 치료를 시작한 학생의 예도 있습니다. 젠더클리닉에서 진찰받은 사람을 대상으로 한 조사(2010년)에서는 18세 이하의 MtF 18.9%, FtM 4.3%가 자기 판단으로 호르몬 요법을 이미 시작했다고 합니다.

진단을 받지 않은 채로 호르몬 요법을 시작한 경우 MtF는 무정자증이, FtM은 수염이나 목소리의 저음화 등이 발생해서 혹시 후회하더라도 되돌리기 어렵습니다. 또한 개인이 수입한 제품에는 유효 성분이 부족하거나 유해 성분이 섞여 있을 가능성도 있습니다. 그리고 과잉복용을 하기 쉽고 부작용 체크도 어렵기 때문에 건강피해가 염려됩니다.

2차 성징이 발현하기 전인 소아 시기에 느끼는 성별위화감은, 그후에 약해지거나 사라질 수 있으며 동성애로 판명되는 경우도 있으므로 그 단계에서 치료를 시작하는 일은 없습니다. 젠더클리닉에서는 여러 명의 의사가 당사자나 보호자의 이야기를 듣는 등 신중한 진단 과정을 거칩니다. 그런 과정을 거치지 않고 바로 호르몬 요법을 시작하거나 부작용 체크도 하지 않는 시설은 피해야 합니다.

Q. 2차 성징 억제요법에 대해서 가르쳐 주세요.

성별정체성장애 당사자의 2차 성징 자각 시기에 당사자가 호르몬 요법을 시작하고 싶었던 연령은 FtM과 MtF가 달랐습니다. (표3)

FtM은 2차 성징이 발현된 후에도 남성 호르몬제를 투여하면 생리가 정지되고 수염이 나며 목소리가 낮아집니다. 하지만 MtF는 변성기가 오고 수염이 나고 남성적인 체형이 된 후에 여성 호르몬제를 투여하면 변화가 적으므로 그 후 생활의 질(Quality of Life: QOL)에 영향을 줄 수 있습니다.

2012년의 진료 가이드라인 개정으로 인해, 사춘기에 성별위화감이 강해

아이들의 성 정체성 고민, 어떻게 대응할까

표 3. 호르몬 요법을 시작해야 한다고 생각하는 연령

		FtM (116명)	MtF(47명)
응답 시의 연령 (세)		28.4±6.6	32.5±10.2
신체의 변화 자각 시기 (세)	초경 또는 수염	12.8±1.6	15.3±2.7
	유방 발달 또는 변성	12.1±1.7	13.5±1.7
희망하는 연령 (세)	GID의 설명	12.2±4.2	10.7±6.1
	호르몬 요법	15.6±4.0	12.5±4.0

중학생 이전에 성별위화감이 시작된 당사자에게 한정한 검사

지거나 가족의 동의와 치료 협력을 얻을 수 없을 경우 2차 성징이 시작되는 Tanner stage 2기(12세경, 개인차에 따라 9~14세)가 되면 그것을 일시적으로 멈추는 2차 성징 억제요법을 받을 수 있습니다. 이를 통해 FtM의 생리 시에 하는 자살 기도나 MtF가 신체의 남성화가 진행되거나 이후에 발생할 수 있는 생활의 질 저하를 방지할 수 있습니다.

그 사이에 신중하게 성별정체성장애인지 아닌지를 진단하고 남성 호르몬이나 여성 호르몬을 통한 치료를 시작합니다. 또한 2차 성징 억제요법을 실시하지 않은 경우도 전문의가 일정 기간 동안 신중히 관찰해서 성별정체성장애라고 확정하면, 15세 이후에는 남성 호르몬 또는 여성 호르몬을 이용한 치료를 할 수 있습니다.

Q. 학교 현장에서 할 수 있는 지원에 대해 가르쳐 주세요.

문부과학성은 2014년 6월 성별정체성장애가 의심되는 아동·청소년의 전국 조사 결과를 공표했습니다. 보고된 606가지 사례(2013년 4~12월 사이의 대응 사례로, 보고를 원하지 않는 사례는 제외) 가운데 약 60%는 어떤 대응이 있었음을 알 수 있었습니다.(150쪽 참고) 이것을 근거로 2015년 4월에 「성

성별정체성장애가 의심되는 아동·청소년에 관한 학교에서의 지원 사례

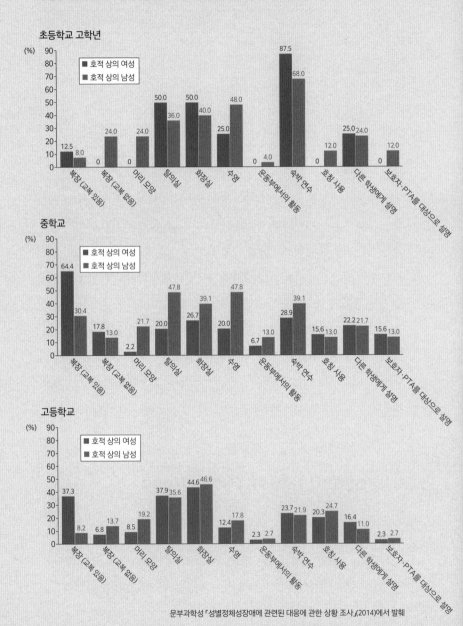

초등학교 고학년

중학교

고등학교

문부과학성「성별정체성장애에 관련된 대응에 관한 상황 조사」(2014)에서 발췌

아이들의 성 정체성 고민, 어떻게 대응할까

별정체성장애 학생에게 꼼꼼한 대응」이라는 공문을 보냈습니다. 조사에서 밝혀진 지원에 더해서, '호칭을 고민한다(성적표를 포함한 교내 문서를 희망하는 호칭으로 기입, 명부도 자기 정체성에 맞는 성별에 맞춰서 관리한다), 자기 정체성에 맞는 성별로 운동부 참가를 허가한다, 호적 상의 성별 변경 후에 졸업증명서 등을 발행할 때 적절한 대응을 한다' 같은 구체적인 예도 들고 있습니다.

하지만 아이에 따라서 필요한 대응은 다릅니다. '여자답게 해봐(남자답게 해봐) 같은 말을 하지 않았으면 좋겠다' '왕따를 당하지 않도록 배려해줬으면 좋겠다' '교복이나 화장실 사용에 대한 배려를 해줬으면 좋겠다' '선생님들이 알아주시면 그것만으로 만족한다' 등으로 다양하며, 어떤 아이에게는 좋았던 대응이 다른 아이에게는 괴로운 일이 될 수도 있습니다. 획일적인 매뉴얼이 아니라 그 아이가 힘들어 하는 것에 대한 대응이 기본이 되어야 합니다.

커밍아웃에 대해서도 하고 싶어 하는 아이도 있는가 하면 그렇지 않은 아이도 있습니다. '커밍아웃하는 편이 관리하기 쉬우니까'라는 이유로 커밍아웃을 강요하는 일은 절대로 해서는 안 됩니다. 문부과학성의 공문에서는 그에 더해 '교원연수' '팀을 통한 지원' '의료기관 등과의 연계' 등의 중요성도 지적하고 있습니다.

FtM 학생 지원 사례
전일제보통과고교 보건 교사

본교는 가나가와현에 있는 전일제보통과(단위제)고교로, 약 850명의 학생이 재적해 있습니다. 학생의 다양한 요구에 대응해서 특색 있는 교육활동을 실시하고 있으며, 학년 반 단위로 수업을 받는 일이 적고 교복이 없는 것도 특징입니다.

FtM 학생 A의 사례

입학식 전 A가 교장 선생님께 요청을 해서, 학교도 '학생이 원하는 것을 듣고 학교에서 할 수 있는 것은 대응하자'는 생각으로 며칠 후 학생과 어머니, 관리직, 담임이 면담을 하기로 했습니다. A가 원한 것은 아래의 3가지입니다.

① 호칭: 고등학교에 다니는 동안 개명을 할 예정이므로 ○○라는 호칭으로 불러주세요.
② 성별: 호적상의 성별은 여자이지만 학교에서의 성별은 남자로 해주세요.
③ 화장실: 성중립 화장실이 있으면 사용하고 싶어요.

입학 후 특별활동 시간에 자기소개를 할 때, A는 자신의 입으로 '저는 트랜스젠더입니다'라고 밝혔습니다. 같은 반 친구들은 그렇게 놀라지 않는 모습이었습니다. 호칭에 대해서는 기본적으로 본인의 희망에 따랐지만 개중에는 그 요청에 따라주지 않는 선생님도 있어서 A가 불만을 표현했고 빠르게 교사들에게 전달해서 주의하도록 했습니다.

화장실을 사용할 때나 옷을 갈아입을 때는 5월까지 보건실에 있는 화장실을 사용했습니다. 나중에 알게 된 거지만 5월 이후로는 본인의 판단으로 남자 화장실을 사용하게 되었습니다.

치료에 관한 어려움

A는 '신체를 빨리 바꿔서 편해지고 싶다'라는 마음이 너무 강해서 인터넷으로 치료에 관한 정보를 얻은 후 1학년 때부터 부모의 동의도 얻지 않고 치료를 시작해버렸습니다.

우선 1학년 5월 경부터 호르몬 주사를 맞았습니다. 본래 치료를 받기 위해서는 보호자의 동의서가 필요하지만 A는 자신이 서명을 했다고 합니다. 그리고 개명에 필요한 진단서를 바로 발행해주는 클리닉을 인터넷으로 찾아 진단서를 받았습니다. 여기서도 부모의 서명이 필요했는데 친구에게 서명을 받았다고 합니다(이렇게 가이드라인*을 지키지 않고 치료하는 의료기관이 존재한다는 것을 많은 사람들이 꼭 알았으면 좋겠습니다).

● 「성별정체성장애에 관한 진단과 치료의 가이드라인(제4판)」
https://www.jspn.or.jp/uploads/uploads/files/activity/journal_114_11_gid_guideline_no4.pdf

이런 상황을 7~8월 경에 어머니가 눈치채서 크게 싸운 후에 A는 가출을 했습니다. 걱정하던 어머니는 학교와 경찰에 상담했고, 며칠 후 겨우 A와 연락이 닿았습니다. 보건 교사의 입장에서 A가 어머니와 제대로 마주보고 이야기를 하도록 중재했습니다.

그 후에는 어머니도 A와 여러 이야기를 하고 성별정체성장애와 치료에 대해 공부해서 점점 이해하고 받아들이게 되었습니다.

치료비를 벌기 위해서

1학년 7월 경부터 학교를 안 나와 9월에 면담을 했는데 '학교를 그만 두고 싶다'고 말했습니다. 이유는 호르몬 주사를 맞고 수술을 하려면 돈이 필요하기 때문에 낮에는 아르바이트를 해야 해서 학교에 올 시간이 없다는 이야기였습니다. 장래에 대한 것도 포함해서 여러 이야기를 한 결과, 자퇴를 할지 말지는 수술이 끝난 단계에서 다시 생각하기로 했습니다. 11월 경부터 비영리활동법인 SHIP이 주최한 강연회에 참가하기 시작해서 자신의 생각을 표현하면서 즐겁게 활동했습니다. 다음 해 3월에 유선적출수술을 받고, 2학년으로 진급하는 4월부터 다시 등교를 시작했습니다.

A는 유선적출수술에 굉장히 큰 만족감을 느껴 한동안은 안정적으로 생활했지만, 다른 수술도 받으면서 언젠가는 호적변경을 하고 싶다는 생각이 강해졌습니다. 그래서 수술비용을 쉽게 마련하기 위해서 6월 경부터 인터넷 비즈니스에 빠져들었습니다. 인터넷으로 알게 된 사람을 직접 만나서 이야기를 듣거나, 세미나에 참가하거나, 고액의 비

아이들의 성 정체성 고민, 어떻게 대응할까

용을 청구받는 등의 안 좋은 일에 휘말리기도 한 모양이었습니다.

인터넷 비즈니스를 하는 것에 반대하는 어머니와의 다툼이 끊이지 않았고, 어느 날은 화를 가라앉히지 못해서 어머니가 보는 앞에서 자살을 시도한 적도 있었습니다.

그 후에 진로를 포함해서 여러 사항을 검토한 결과 현재는 담임과 상담을 해서 휴학 중입니다. 지방에서 숙소 제공을 해주는 곳에 들어가 아르바이트를 하면서 잘 지내고 있다는 연락을 받았습니다.

어려웠던 점

2학년 8월에 숙박을 겸한 수학여행이 있었습니다. 그래서 4월부터 여러 번 이야기를 나눈 후에 최종적으로 본인과 어머니의 희망을 받아들여서 남학생들과 함께 방을 쓰도록 했습니다. 같은 방을 쓰게 된 학생들에게도 사전에 사정을 설명하고 허락을 얻었지만 그런 사정을 설명할 때도 어디까지 이야기를 할지, 같은 방을 쓰는 학생들의 보호자에게는 어떻게 전달할지 등, 담임, 학생 주임, 보건 교사, 교육 상담 코디네이터,˙ 관리직이 몇 번이나 상의를 했습니다.

호르몬 치료에 대해서는 가이드라인을 지키지 않는 클리닉을 그만두고 신뢰할 수 있는 의료기관으로 옮겨서 지금도 치료를 받고 있습니다. A의 성격적인 부분이나 호르몬 치료 등의 영향으로 기분이 불안정해지거나 우울해지는 경우가 많아서 담임과 보건 교사가 자주, 많은 시간을 들여서 면담을 진행했습니다.

● 각 학교에서 아동·청소년에게 지원을 할 때 과제 해결을 추진하는 교사

앞으로

성별위화감을 느끼는 학생 중에는 A처럼 성전환수술을 서둘러 하고 싶은 마음에, 인터넷에서 찾은 정보를 보고 단기간에 치료를 하는 방법에 혹해서 가이드라인을 지키지 않는 치료를 받는 일이 적지 않습니다. 그럴 때 당사자와 보호자를 어떻게 지원할지에 대한 학교 현장의 역할이 적지 않습니다.

또한 학교에서는 성별위화감을 줄여주는 지원이 필요합니다. 화장실이나 탈의실 등 물리적인 지원도 중요하지만, 그것보다도 우선 당사자의 이야기를 듣는 등 할 수 있는 일부터 해 나가는 자세가 중요하다고 생각합니다

아이들의 성 정체성 고민, 어떻게 대응할까

성별위화감을 느끼는 아이를 위한 학교와의 연계
보호자

아이가 초등학교 3학년 때 학교의 보건 선생님께 ○○(딸)의 성별정체성이 남자인 것 같다는 말을 듣고 성별위화감에 대해 찾아보았습니다.

아이가 전부터 남자가 되고 싶다는 말을 하기도 해서 제 자신도 아예 몰랐던 건 아니지만, 보건 선생님 말씀을 들을 때까지 알고도 모른 척했던 것 같습니다.

그런데 인터넷으로 성별위화감을 느끼는 사람의 자해 비율에 대해 쓰여 있는 것을 보고 불안해져서 빠른 편이 좋겠다는 생각이 들었습니다. 그래서 소개받은 성별정체성장애 전문가가 있는 정신과에 다니기 시작했습니다. 지금도 1년에 3, 4번 정도 상담을 받으러 갑니다.

중학교의 대응

입학 전 1월 경에 교장 선생님, 보건 선생님, 교육위원회에 계신 분과 주치의 선생님을 모시고 면담을 해서 남자 교복을 입고 통학하는 것으로 결정을 했습니다.

또한 교장 선생님께서 재학생, 그리고 그 보호자, 또 같은 반이 될 신입생들과도 자리를 만들어서 사정을 설명해주시기로 하여 자연스럽게 학교에 다닐 수 있게 되었습니다. 입학 후에도 정기적으로 면담을 해서 치료에 관한 것 등을 담임 선생님이나 보건 선생님께 말씀드렸습니다.

체육복으로 갈아입을 때는 보건실을 이용할 것 같은 구체적인 대응도 있었지만, 대부분의 동급생들은 초등학교 때부터 알고 지냈던 사이로 저희 아이에 대해 잘 알고 있어서 특별한 문제 없이 학교 생활을 할 수 있었습니다.

고등학교 입학

고등학교는 본인의 희망으로 교복이 없고 집에서 멀리 떨어진 고등학교를 골랐습니다. 입학 전에 교장 선생님과 상담을 해서 남학생으로서 학교에 다니기로 했습니다. 그 고등학교에는 비슷한 사정이 있는 학생이 이미 몇 명 다니고 있었던 모양으로, 남학생으로서 학교를 다니는 것에 대해서도 흔쾌히 받아들여 주었습니다.

같은 동네에 사는 친구들은 좋든 싫든 아이의 사정을 알고 있었기 때문에 본인으로서는 완전히 새로운 환경에서 남학생으로 지낼 수 있다는 게 기뻤던 모양입니다.

단위제고등학교여서 체육은 선택제, 수학여행 등도 없었기 때문에 특별한 대응은 없었습니다. 체형이 작은 편인데 본인은 '이제부터 성장할 거야'라고 하면서 잘 이겨내고 있는 것 같습니다.

마지막으로

초등학교부터 고등학교까지 좋은 환경에 둘러싸여서 왕따를 당하는 일 없이 아이가 성장할 수 있었던 것에 아주 감사하고 있습니다. 특히 중학교에 입학하기 전에 교장 선생님께서 재학생과 그 보호자 분들께 설명을 해 주셔서 정말 감사했습니다.

저는 지금도 '딸'이라고 부르는 일이 많지만, 성별이 여자든 남자든 소중한 제 아이라는 것에는 변함이 없습니다. 단지, 아이 스스로는 '남자'로 있는 것을 자연스럽게 느낀다고 받아들이고 있습니다.

주치의 선생님과 상담하면서 언젠가는 치료를 받기 위해 준비를 하고 있습니다. 우선은 이름 바꾸는 수속을 밟으려고 이야기하고 있습니다.

섹슈얼리티
수업 사례

고등학교에서 실행하고 있는 섹슈얼리티 수업 사례 및 관련 자료를 소개한다. 총 2시간 수업 내용이므로 2시간을 이어서 하거나 나눠서 하거나 적절히 조정해서 사용해 보기 바란다.

- 첫 번째 수업안
- 두 번째 수업안
- 두 번째 수업에서 배부할 자료
- 두 번째 수업에서 교사의 활동발문 예시
- 돌아보기 시트

섹슈얼리티 수업안: 첫 번째 시간(성소수자를 초대해서 수업)

일시 / 장소	특별활동 시간에 체육관에서 진행할 것으로 상정	
준비 등	사전 준비 • 성소수자 게스트에게 하고 싶은 질문을 미리 학생들에게 받는다. • 보건위원 학생과 미리 상의한다. 당일 • PC, 프로젝터, 마이크(2개), 의자, 돌아보기 시트(170쪽)	
목적	• 섹슈얼리티라는 개념을 배우고, 기본적인 인권으로서 존중하는 태도를 기른다. • 다양한 섹슈얼리티를 알고, 다름을 서로 존중하는 자세를 기른다. • 주체적으로 더욱 좋은 집단(관계), 사회를 만들어가고자 하는 태도를 기른다.	

시간	활동	교원의 활동	학습내용·활동
(분)		정례지도	체육관으로 이동, 정리
3		① 이번 시간의 목표와 규칙을 확인한다.	
6		② 도입-민들레는 무슨 색?	• 동물의 생각이 인간과는 다르다는 이야기로, 자신에게 보이는 세계가 당연한 게 아니라 다른 사람이 보고 있는 세계도 다르지 않다는 것을 안다.
10	섹슈얼리티 이해	③ 성소수자 해설을 한다.	• 저명한 사람의 사례 등으로, 성은 남녀 둘로 단순히 나뉘지 않고 다양한 성소수자가 있다는 것을 안다.
15		④ 섹슈얼리티와 성의 권리의 개념을 설명한다.	• 섹슈얼리티를 구성하는 요소를 알고 섹슈얼리티가 개개인의 고유한 특성이며, 성의 권리가 존중되어야 하는 것을 안다.
20		⑤ 섹슈얼리티를 둘러싼 세계적인 상황을 소개한다.	• 동성결혼 등을 둘러싼 각국의 상황을 알고 이상적인 사회에 대해 다양한 생각이 있다는 것을 안다.
35	게스트 스피치	⑥ 성소수자 당사자의 말을 들은 후에 공개 인터뷰를 한다. • 사전 앙케이트로 받은 '학생들의 질문'을 바탕으로 보건위원이 인터뷰한다.	• 성소수자의 생각을 듣고, 현재 상황과 지금까지의 자신의 행동 등을 되돌아본다.
40	돌아보기	⑦ 섹슈얼리티 존중에는 뭐가 필요한지 묻고 다음 수업에 다룰 문제를 제기한다. ⑧ 돌아보는 방법에 대해 설명을 한다.	• 성소수자에 한정하지 않고 섹슈얼리티를 존중하는 것 자체가 개인의 행복에 중요하다는 것을 안다. 교실에서 돌아보기 시트를 작성한다.

아이들의 성 정체성 고민, 어떻게 대응할까

기대하는 학생상	• 섹슈얼리티는 개인의 요소(신체, 인지, 성적지향)와 사회적인 측면(젠더, 생존 환경, 법률 등)이 상호작용을 통해 형성된다는 것, 그리고 성의 권리로서 그 다양성이 존중되는 것을 이해할 수 있다. • 성소수자에 대해서 과학적으로 이해하고, 게스트의 이야기에 귀를 기울일 수 있다. • 섹슈얼리티에 대한 이해를 통해, 나라와 문화를 배경으로 한 다양한 가치관과 규범에 대해서 객관적으로 생각을 넓히는 동시에 자기 나름대로의 의견을 가질 수 있다.

섹슈얼리티 수업안: 두 번째 시간

일시 / 장소	특별활동 시간에 체육관에서 진행할 것으로 상정
준비 등	• 워크시트(165~167쪽) • 투표용지, 투표용 봉투 • 돌아보기 시트(171쪽)
목적	• 자신의 섹슈얼리티에 대해 생각하고 자기이해를 넓힌다. • 타인의 섹슈얼리티를 앎으로써 다름을 깨닫고, 다양성을 서로 존중하는 자세를 기른다. • 주체적으로 더 좋은 집단(관계), 사회를 만들어 가려고 하는 태도를 기른다.

시간	활동	교원의 활동	학습내용·활동
(분)		168쪽에 있는 교사의 발문 예시 참고	
3		① 전 시간의 섹슈얼리티 수업 복습 ② 이번 시간의 목표를 확인한다. - 워크시트, 투표용지를 배부	
5 10	자기이해·타인이해	③ 워크시트(1) 개인 작업 - 투표용 봉투를 준비 - 개인 작업에 대해 설명할 때, 이성애 및 연애를 하는 것을 전제로 말하지 않도록 유의한다. ↓ • 투표용 봉투에서 10장의 투표용지를 무작위로 뽑고 주위에 있는 학생에게 도움을 받아서 칠판에 쓴다.	투표용지에 각자 쓴다. • 점수는 동전같은 이미지로 해준다. • 자신의 중요도를 투표용지에 써서 투표용 봉투에 넣는다.
15		④ 워크시트(2) 전체 작업	깨달은 것을 워크시트에 쓴다. • 칠판에 쓴 다른 학생의 중요도를 보고 깨달은 것, 느낀 것 등을 워크시트에 쓴다.

20	관계성	⑤ 작업 돌아보기 • 3~4명에게 워크시트에 쓴 내용을 발표하게 한다.	몇 명의 학생에게 깨달은 것을 발표하도록 한다. • 섹슈얼리티의 다양성에 대해 안다. • 자신의 섹슈얼리티는 존중되어야 하는 것을 안다.
25		⑥ 워크시트(3) 그룹 작업 - 이성애를 전제로 이야기하지 않도록 유의한다. - 4명이 한 그룹이 되도록 책상을 조정한다. - 그룹을 돌면서 지도한다. • 예를들어, 섹슈얼리티를 존중하는 동료들에게 무엇이 필요한지 생각해본다. • 마지막으로 각 그룹에서 나온 몇 가지 의견을 소개한다.	그룹으로 생각한다. • 두 커플의 예를 보고, 어떤 조언을 할 수 있을지 그룹으로 의견을 나눈다. • 정답은 없기 때문에 의견을 주고받는 것을 목적으로 한다.
40		⑦ 워크시트(4) 개인 작업 - 책상을 원래 위치로 돌린다. • 학생들이 서로 마주보고 있지 않기 때문에 마음 편하게 쓸 수 있다는 것을 전한다.	워크시트에 각자 쓴다. • 워크시트(4)에 대해서 혼자 생각한다.
45		⑧ 돌아보기를 설명한다.	돌아보기 시트에 각자 쓴다.
	기대하는 학생상	• 자신의 이상적인 파트너십을 생각하는 것으로 자신의 섹슈얼리티에 대한 이해를 넓힌다. • 전체 작업을 통해서 다른 사람과 다른 자신의 고유한 섹슈얼리티를 소중히 여기는 의식을 가질 수 있으며, 그와 동시에 다른 사람의 섹슈얼리티 또한 존중받아야 함을 깨닫는다. • 그룹작업을 통해서 각자의 섹슈얼리티를 존중하면서 관계를 좋게 유지하기 위해서는 상대에 대해 알려고 하는 것, 말하는 것, 듣는 것, 자신도 상대도 배려하는 것 등이 중요하다는 것을 깨닫는다.	

아이들의 성 정체성 고민, 어떻게 대응할까

탐구! 섹슈얼리티

이름 _____

(1) 개인 작업 어떤 상대와 어떤 관계가 이상적일까?

장래에 자신이 누군가와 사귄다고 한다면 어떤 상대와 어떤 관계를 맺는 것이 중요할까요?

아래 ①~⑯의 항목 중에서 자신이 중요하다고 생각하는 항목(최대 4항목)을 골라, 그 중요도에 맞추어 점수를 매겨 봅시다.

당신의 보유 점수는 40점, 30점, 20점, 10점로 전부 100점입니다.

① 취미나 가치관이 비슷하다

② 유머가 있다

③ 내가 상대에게 기대거나 상대가 나에게 기댈 수 있다

④ 곤란하거나 고민이 있으면 서로 상담한다

⑤ 용모나 스타일이 자신의 취향이다

⑥ 울거나 화를 내는 등 솔직한 감정을 상대에게 표현할 수 있다

⑦ 서로의 성격을 잘 이해한다

⑧ 집안일을 할 수 있다

⑨ 독점하거나 독점 당한다

⑩ 친구나 부모 등 가까운 사람에게도 오픈하고 지낼 수 있다

⑪ 경제력이 있다

⑫ 서로의 일상적인 행동을 파악하고 있다

⑬ 서로 간섭하지 않는 적당한 거리를 유지한다

⑭ 스포츠를 잘한다

⑮ 키스를 하거나 껴안는 등 스킨십이 많다

⑯ 친구가 많다

〈자신의 중요도(메모)〉＊점수가 높은 순서대로 왼쪽부터 쓰세요

고른 항목과 점수를 기입 (최대 4항목)							
항목	점수	항목	점수	항목	점수	항목	점수

(2) 전체 작업 다른 사람은 뭘 골랐을까?

> 자신의 중요도와 다른 사람의 중요도를 보고 깨달은 것 / 느낀 것

(3) 그룹 작업 서로의 섹슈얼리티를 소중히 하면서 만나기 위해서는 어떻게 하면 좋을까요?

사귀는 사이라고 해도 서로가 중요하게 여기는 것이 다르면 불만이 쌓이는 것은 자주 있는 일입니다. 다음에 소개하는 두 커플도 서로의 본심을 모른 채 조금씩 관계가 삐걱거리고 있습니다. 어떤 조언을 할 수 있을까요? 그룹별로 생각해 봅시다.

아이들의 성 정체성 고민, 어떻게 대응할까

「④ 곤란하거나 고민이 있으면 서로 상담한다」를 중시하는 A와 그렇지 않은 B의 경우

A	B
저는 사귀면 서로의 고민 같은 걸 서로 상담하는 게 좋아요. B가 지금 어떤 상황인지 알고 싶고, 혹시 뭔가 힘든 게 있으면 도와주고 싶어요. 왜 얘기를 안 해주는 건지, 사귀는 의미가 있는지 모르겠어요.	저는 지금 고민하고 있는 걸 두 사람 사이에 가지고 오고 싶지 않아요. 둘이 있는 시간은 즐겁게 보내고 싶고, 걱정하게 하고 싶지 않으니까. 그리고 솔직히 이야기해도 해결해 줄 수 없는 것도 있잖아요.

「⑮키스를 하거나 껴안는 등 스킨십이 많다」를 중시하는 C와 그렇지 않은 D의 경우

C	D
저는 좋아한다면 어느 정도는 스킨십을 하고 싶다고 생각해요. 그런 시간이 힐링이 되고 마음이 편해지니까. D는 사귀는 게 처음이라서 어색한 것도 있을 거라고 생각하니까 역시 내가 리드해야 할까요?	C는 전에도 사귄 경험이 있어서 키스나 여러 경험이 있는 것 같아요. 저는 그런 걸 하지 않으면 안 될까요? 물론 C를 좋아하지만 솔직히 결심이 잘 안 서고 좀 쑥스러워요.

A와 B의 경우	C와 D의 경우

(4) 개인 작업 장래의 자신에게 보내는 메시지!

무엇을 소중히 여기고, 어떤 모습이 되고 싶은가?

두 번째 수업에서 교사의 활동·발문 예시

①	• 지난주에 한 섹슈얼리티 수업을 떠올려 보세요. '섹슈얼리티'라는 것은 그저 단순히 신체나 성별정체성만을 말하는 것이 아니라, 개인의 가치관이나 삶의 태도 등 성에 관련된 모든 것을 나타내는 거예요. 그중에는 자신의 성을 어떻게 살아갈까, 연애를 할까, 누구를 좋아할까, 언제 누구와 성관계를 가질까, 그것은 어떤 관계일까, 같은 것도 포함돼 있어요. 그리고 이것들이 인격으로 존중받게 되었다고 했었지요. • 그리고 그후 각 나라에서의 성소수자 대응의 다른 점과 성소수자인 게스트의 이야기를 듣고 우리의 상황과 이상적인 사회의 모습에 대해서 각자 생각해봤어요.
②	• 두 번째 수업인 오늘은 '자신의 섹슈얼리티는 어떤 것일까'를 생각해보려고 해요. • 그리고 한 걸음 더 나아가서, 다른 사람의 섹슈얼리티는 어떤 게 있을까를 알고 서로의 섹슈얼리티를 소중히 하는 관계를 어떻게 만들어가면 좋을지를 생각하는 기회로 만들었으면 좋겠어요.
③	• 자신의 섹슈얼리티에 대한 단서를 얻기 위해서 오늘은 장래에 자신이 누군가와 사귄다면 어떤 상대와 어떤 관계를 만들고 싶은지 생각해 봐요. • 아직 상상하기 어렵다거나 그런 이야기를 하는 것을 좋아하지 않는다거나 흥미가 없는 사람도 있을 거예요. 그것도 아주 정상적인 반응이에요. 하지만 5년 후, 10년 후에는 인생을 좌우하는 중요한 일이 될 가능성도 있고, 다른 사람들의 생각을 알 수 있는 기회이기도 하므로 가능한 범위에서 생각해 봐요. ◆ 워크시트·투표 용지 배부 • 장래에 자신이 누군가와 사귄다고 한다면, 어떤 상대와 어떤 관계를 맺는 것이 중요할까요? • 아래 ①~⑯의 항목 중에서 자신이 중요하다고 생각하는 항목을 골라, 그 중요도에 맞추어 점수를 매겨 요. 어렵게 생각하지 말고 직감적으로 고르세요. • 점수는 40점, 30점, 20점, 10점으로 전부 100점이에요. 하나의 항목에 복수의 점수를 넣어도 괜찮아요. 하지만 40점을 15점과 25점으로 나누어 넣거나 하는 건 안돼요. 최대 네 항목을 고를 수 있어요. • 지금 나눠 준 투표용지에 기입해서 다 쓴 사람부터 앞의 투표용 봉투에 넣어 주세요. • 나중에 이 봉투 중에서 무작위로 10개를 뽑아서 비교해 볼텐데 누가 썼는지는 밝히지 않으니까 안심하세요. 자신의 중요도를 워크시트에도 메모해두면 비교하기 쉬워요. • 시간은 '○분'까지예요. (5분 정도)
④	• 그럼 다음 작업시간도 있으니까 아직 제출하지 않은 사람도 쓴 데까지만 제출해 주세요. 이런 것을 생각하는 데 시간이 걸리는 사람과 시간이 별로 걸리지 않는 사람이 있다는 것도 알아야 해요. • 지금부터 10개를 내(선생님)가 무작위로 뽑을게요. • ○○와 XX(학생 2명 정도)는 칠판에 쓰는 걸 도와주세요. • 다른 사람은 자신의 중요도와 다른 사람의 중요도를 보고 깨달은 점이나 느낀 점을 워크시트(2)에 쓰세요. (3분 정도)
⑤	**자기의 섹슈얼리티를 이해한다** • 자, 그럼 어떤 것을 느꼈는지 몇 사람에게 들어볼게요. (3~4명에게 발표를 시킨다) • 지금 말한 것처럼……. (발표 내용을 정리한다: 서로 다르다는 것을 알게 됐다는 감상이 많을 것이 예상됨) • 오늘 다들 함께 생각해봤던 '어떤 사람과 어떤 관계를 가지고 싶은가'라는 것도 섹슈얼리티의 요소 중 하나예요. 실제로는 지난주에 배운 것처럼 '섹슈얼리티'는 더욱 많은 요소를 포함하고 있기 때문에 지금 체험한 것 이상으로 개개인이 달라요. 다른 사람과 다른 독자적인 것이기 때문에 '있는 그대로의 자신'이 가치가 있는 거예요. 뭐가 옳다거나 우열이 있지 않아요.

아이들의 성 정체성 고민, 어떻게 대응할까

⑤	• 그리고 섹슈얼리티는 인격의 일부이기도 해서 인생을 좌우할 정도로 중요해요. 우선은 자신의 섹슈얼리티를 깨닫고, 그것을 소중히 여깁시다. 이것이 모두에게 기대하는 내용이니 잘 기억해 두세요.

섹슈얼리티의 다름을 존중하면서 사귀기 위해서는?

<table>
<tr>
<td rowspan="2">⑥</td>
<td>

• 다음으로 모두 함께 생각해보고 싶은 것은, 이렇게 다르고 각자 소중한 섹슈얼리티를 가진 사람들끼리 사귈 때 좋은 관계를 이어가기 위해서는 어떻게 하면 좋을까라는 거예요.

• 워크시트(3)를 보세요. 사귀고 있는 두 사람이라도 지금의 작업에서 체험한 것처럼 섹슈얼리티는 각자 달라요. 가치관이 비슷하다고 생각해서 사귀기로 했다고 하더라도 완전히 같은 가치관인 사람은 없기 때문에 서로가 중요하게 생각하는 것이 다르면 불만이 쌓이는 것은 실제로 자주 있는 일이에요.

• 워크시트에는 앞에서 한 작업의 선택지였던 〈「④곤란하거나 고민이 있으면 서로 상담한다」를 중시하는 A와 그렇지 않은 B의 경우〉와 〈「⑮키스를 하거나 껴안는 등 스킨십이 많다」를 중시하는 C와 그렇지 않은 D의 경우〉로 갈등을 겪고 있는 두 커플의 사례가 나와 있어요. 이 두 커플은 지금 서로 본심을 모르고 조금씩 삐걱거리고 있어요. 어떤 조언을 해줄 수 있을까요? 그룹별로 이야기를 나누고 함께 생각해 봐요.

• 그럼 4명씩 책상을 마주보게 그룹을 만들어 봅시다.

• 여기에는 정답이 없으므로 어떤 의견이라도 상관없어요.

• 그룹에서 나온 의견을 워크시트에 메모해 둬요.

• 시간은 '○분'까지 할게요. (10분 정도)

▶ 그룹을 돌면서 지도

*혹시 의논을 하는데 어려움을 겪는 그룹이 있으면 대화를 할 수 있도록 힌트를 준다. (시범학교에서는 1학년 때 통합 학습시간에 자기표현학습을 하기 때문에 그것을 떠올릴 수 있도록 돕는다)

• 네, 그럼 시간이 다됐기 때문에 이야기를 중단하고 책상을 원래 위치로 돌려주세요.

그룹 작업에서 나온 의견을 소개한다

• 모두가 그룹으로 이야기하는 걸 둘러 봤는데요…….(그룹에서 나온 의견을 몇 가지 소개한다) 이런 의견들이 있어요. (그룹 별로 발표를 시켜도 좋다)

(상대를 알려고 하는 것, 이야기하는 것, 듣는 것, 자신도 상대도 배려하는 것 등이 중요하다는 것을 깨닫기를 기대한다)

• 그룹 작업에 대한 담임의 코멘트

(예: 다들 익숙하지 않은 과제였다고 생각하는데 열심히 이야기를 했네요 등)

</td>
</tr>
</table>

섹슈얼리티의 다름을 느낀 후, 다시 한번 자신의 섹슈얼리티에 대해 생각한다

⑦	• 마지막은 처음했던 작업과 지금 그룹에서 이야기를 나눈 것, 그리고 다른 그룹의 의견도 참고해서, 현시점에서의 자신의 가치관을 장래의 자신에게 메시지로 남겨 봅시다. • 무엇을 소중히 여기고 어떻게 살고 있을까? 같은 것을 힌트로 하면 쓰기 쉬울지도 몰라요. • 이것은 서로 보여주거나 발표하지 않으니까 안심하고 쓰세요.
⑧	• 워크시트를 다 쓴 사람은 지금부터 나눠 줄 돌아보기 시트에 오늘 수업에 대해서 써보세요. ◆ 돌아보기 시트 (다음 페이지 참고) 배부
⑨	◆ 워크시트, 돌아보기 시트 회수

섹슈얼리티 수업 (제1회) 돌아보기 시트

반 _____ 번호 _____ 이름 _____

☆ 오늘의 섹슈얼리티 수업에 대해서 한번 돌아봅시다.

1. 자신의 활동에 대해서 '해당되지 않음 1점'부터 '매우 해당됨 5점'까지 해당되는 번호에 표시해 주세요.

(1)	흥미를 가지고 참가할 수 있었다.	1 □ 2 □ 3 □ 4 □ 5 □
(2)	성소수자에 대해서 이해할 수 있었다.	1 □ 2 □ 3 □ 4 □ 5 □
(3)	자기 자신에 대해서 생각해볼 수 있었다.	1 □ 2 □ 3 □ 4 □ 5 □
(4)	자신과는 다른 타인에 대해서 생각해볼 수 있었다.	1 □ 2 □ 3 □ 4 □ 5 □
(5)	더 좋은 관계 만들기에 대해서 생각해볼 수 있었다.	1 □ 2 □ 3 □ 4 □ 5 □
(6)	더 좋은 집단·사회는 어떤 모습일지 생각해볼 수 있었다.	1 □ 2 □ 3 □ 4 □ 5 □

2. 오늘의 섹슈얼리티 수업을 통해서 느낀 것, 생각한 것을 자유롭게 쓰세요.

3. 개인의 섹슈얼리티와 사회와의 관계에 대해서 자신의 생각을 써 봅시다.

섹슈얼리티 수업 (제2회) 돌아보기 시트

반 _____ 번호 _____ 이름 _____

☆ 오늘의 섹슈얼리티 수업에 대해서 한번 돌아봅시다.

1. 자신의 활동에 대해서 '해당되지 않음 1점'부터 '매우 해당됨 5점'까지 해당되는 번호에 표시해 주세요.

(1)	흥미를 가지고 참가할 수 있었다.	1 □ 2 □ 3 □ 4 □ 5 □
(2)	성소수자에 대해서 이해할 수 있었다.	1 □ 2 □ 3 □ 4 □ 5 □
(3)	자기 자신에 대해서 생각해볼 수 있었다.	1 □ 2 □ 3 □ 4 □ 5 □
(4)	자신과는 다른 타인에 대해서 생각해볼 수 있었다.	1 □ 2 □ 3 □ 4 □ 5 □
(5)	더 좋은 관계 만들기에 대해서 생각해볼 수 있었다.	1 □ 2 □ 3 □ 4 □ 5 □
(6)	더 좋은 집단·사회는 어떤 모습일지 생각해볼 수 있었다.	1 □ 2 □ 3 □ 4 □ 5 □

2. 오늘의 섹슈얼리티 수업에서 인상에 남는 것을 자유롭게 쓰세요.

3. 1차, 2차 섹슈얼리티 수업을 통해서 생각한 것과 감상을 써 봅시다.

참고 자료

- 국가인권위원회 –〈성적지향·성별정체성에 따른 차별실태조사〉
- 세계트랜스젠더보건의료전문가협회(WPATH) –〈트랜스섹슈얼·트랜스젠더·성별비순응자를 위한 건강관리실무표준 제7판〉

한국성소수자 관련 기관

- 비온뒤무지개재단 www.rainbowfoundation.co.kr
- 청소년성소수자위기지원센터 띵동 www.ddingdong.kr
- 한국성소수자문화인권센터 www.kscrc.org
- 성소수자부모모임 www.pflagkorea.org

아이들의 성 정체성 고민, 어떻게 대응할까
성 다양성 교육을 위한 기초 안내서

초판 1쇄 발행 2023년 9월 27일

지은이 히다카 야스하루·호시노 신지·나가노 카오리·후쿠시마 시즈에
옮긴이 강물결 감수 한채윤
펴낸이 김명희 편집 이은희 책임편집 이명희 디자인 신병근·선주리

펴낸곳 다봄교육 등록 2011년 6월 15일 제395-2011-000104호
주소 서울시 마포구 토정로 222 한국출판콘텐츠센터 305호
전화 02-446-0120 팩스 0303-0948-0120
전자우편 dabombook@hanmail.net 인스타그램 instagram.com/dabom_books
ISBN 979-11-92148-78-6 93370